O EGITO ANTIGO
passo a passo

Aude Gros de Beler
ilustrações de **Aurélien Débat**

Tradução de
Julia da Rosa Simões

claroenigma

Copyright do texto e das ilustrações © 2007, 2013 by Actes Sud

Grafia atualizada segundo o Acordo Ortográfico da Língua Portuguesa de 1990, que entrou em vigor no Brasil em 2009.

Título original
L'Égypte à petits pas

Preparação
Vanessa Gonçalves

Revisão
Ana Maria Barbosa
Arlete Sousa

Dados Internacionais de Catalogação na Publicação (CIP)
(Câmara Brasileira do Livro, SP, Brasil)

Beler, Aude Gros de
  O Egito Antigo : passo a passo / Aude Gros de Beler :
ilustrações de Aurélien Débat ; tradução de Julia da Rosa Simões.
— 1ª ed. — São Paulo : Claro Enigma, 2016.

Título original: L'Égypte à petits pas.
ISBN 978-85-8166-127-8

1. Civilização antiga 2. Egito – História I. Débat, Aurélien.
II. Título.

16-03259   CDD-932

Índice para catálogo sistemático:
1. Egito Antigo : Civilização : História 932

4ª reimpressão

Todos os direitos desta edição reservados à
EDITORA CLARO ENIGMA LTDA.
Rua Bandeira Paulista, 702, cj. 71
04532-002 — São Paulo — SP — Brasil
Telefone: (11) 3707-3531
www.companhiadasletras.com.br
www.blogdacompanhia.com.br

FSC
www.fsc.org
MISTO
Papel | Apoiando
o manejo florestal
responsável
FSC® C112738

A marca FSC® é a garantia de que a madeira utilizada na fabricação do papel deste livro provém de florestas que foram gerenciadas de maneira ambientalmente correta, socialmente justa e economicamente viável, além de outras fontes de origem controlada.

ESTA OBRA FOI COMPOSTA EM SCALA SANS E SASSOON INFANT POR ACOMTE E IMPRESSA PELA LIS GRÁFICA EM OFSETE SOBRE PAPEL ALTA ALVURA DA SUZANO S.A. PARA A EDITORA CLARO ENIGMA EM MAIO DE 2024

Sumário

Cronologia	p. 5

1. O EGITO E SEUS HOMENS

O Egito, uma dádiva do Nilo	p. 8
Um deus para cada coisa	p. 10
Os deuses mais conhecidos	p. 12
Faraó, o senhor das duas terras	p. 14
Os faraós mais ilustres	p. 16
Sacerdotes, os servos dos templos	p. 18
Escribas, os mestres dos hieróglifos	p. 20
Os militares, defensores do império	p. 22
Os artesãos, os verdadeiros "artistas"	p. 24
Os agricultores, os esquecidos da sociedade egípcia	p. 26

2. O TRABALHO NO VALE DO NILO

A agricultura	p. 30
A criação de animais	p. 32
A pesca e a caça	p. 34
A exploração de minas e pedreiras	p. 36
As ciências	p. 38

3. A VIDA COTIDIANA

Casas e jardins	p. 42
Está na mesa!	p. 44
A família	p. 46
Vestir-se e pentear-se	p. 48
A educação	p. 50
A música e a dança	p. 52
O lazer	p. 54
A vida após a vida	p. 56
A última viagem	p. 58

4. FÉRIAS NO EGITO

As pirâmides de Gizé	p. 62
Como as pirâmides foram construídas?	p. 64
Sobrevoando Tebas	p. 66
O templo de Luxor	p. 68
O Vale dos Reis	p. 70
A tumba de Tutancâmon	p. 72
A aldeia dos operários de Deir el-Medina	p. 74
Os três descobridores do Egito	p. 76
O Egito dos museus	p. 77

Teste	p. 78
Glossário	p. 80

Para o meu pequeno Karim

Cronologia

Época Tinita
(3150 a.C.-2685 a.C.)
O Alto e o Baixo Egito são unificados sob o comando de um único rei: o **faraó** do Egito.

Império Antigo
(2685 a.C.-2180 a.C.)
Idade de Ouro da civilização faraônica.
III dinastia: **Djoser**
IV dinastia: **Quéops**, **Quéfren** e **Miquerinos**

Primeiro Período Intermediário
(2180 a.C.-2040 a.C.)
O fim do Império Antigo é marcado por um longo período de confusão: fome, anarquia, perda da autoridade real.

Império Médio
(2040 a.C.-1780 a.C.)
Apesar de glorioso, o império não consegue se reerguer completamente, e o Egito volta a um período de anarquia.
XII dinastia: os **Amenemhat**, também conhecidos por Amenemés, e os **Sesóstris**

Segundo Período Intermediário
(1780 a.C.-1550 a.C.)
Os **hicsos**, vindos da Ásia, tomam o poder no Egito.

Império Novo
(1550 a.C.-1070 a.C.)
Depois de expulsar os hicsos, os faraós reconstroem o império e o levam ao apogeu.
XVIII dinastia: os **Amenófis**, os **Tutmés**, a rainha **Hatshepsut**, o faraó **Akhenaton**, **Tutancâmon**
XIX dinastia: **Seti I**, **Ramsés II**
XX dinastia: **Ramsés III**

Terceiro Período Intermediário
(1070 a.C.-525 a.C.)
O país enfrenta dificuldades internas, conflitos de poder e invasões estrangeiras.

Época Baixa
(525 a.C.-332 a.C.)
Início do lento declínio do Egito.

O Egito grego
(332 a.C.-30 a.C.)
Em 332 a.C., **Alexandre, o Grande** conquista o país e se torna rei do Egito. Ele é sucedido por catorze reis (os **Ptolomeus**) e uma rainha (a grande **Cleópatra**).

O Egito romano
(30 a.C.-395 d.C.)
Em 30 a.C., os exércitos romanos invadem o Egito. Cleópatra entrega o país e depois se suicida. O Egito se torna uma província romana, dirigida por **Augusto** (imperador de Roma).

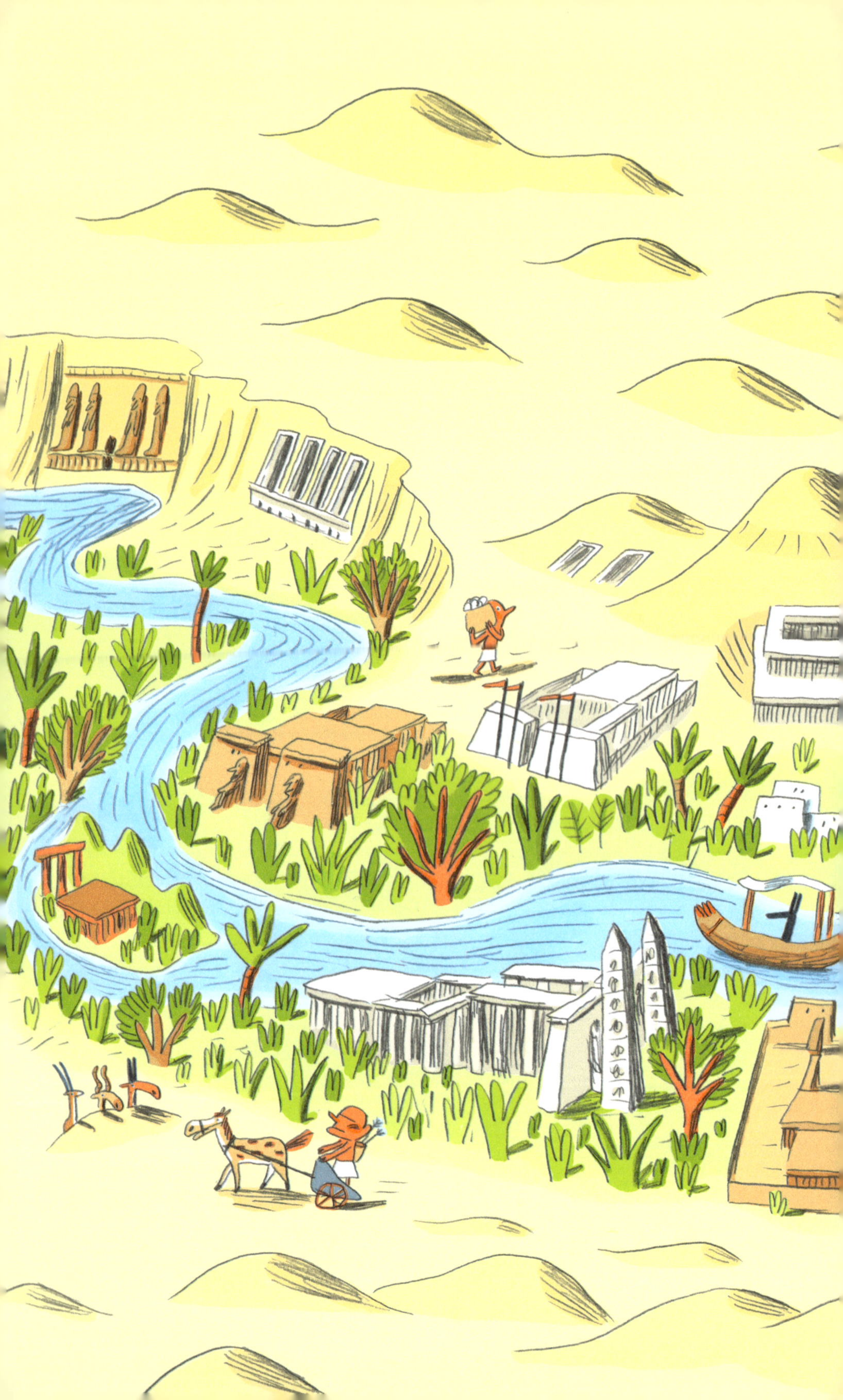

1
O EGITO E SEUS HOMENS

O Egito, uma dádiva do Nilo

Com seus 6671 quilômetros de extensão, o Nilo é o segundo maior rio do mundo, atrás apenas do Amazonas. Seu nome nos remete diretamente ao Egito, mas, ao chegar a esse país, ele já percorreu três quartos do seu curso.

Um rio africano

O Nilo é formado pela confluência de dois rios: o Nilo Branco, que nasce no lago Vitória (entre a Tanzânia, o Quênia e Uganda), e o Nilo Azul, que se origina no lago Tana (na Etiópia). Em Cartum, capital do Sudão, os dois se unem em um único rio, o Nilo, que corre na direção do Egito e atravessa o país para desaguar no mar Mediterrâneo.

Um país, dois desertos

No Egito há uma longa faixa de terras cultiváveis cortada pelo Nilo: o vale fértil, que os antigos egípcios chamavam de "Terra Negra". Dos dois lados desse vale fica a "Terra Vermelha", ou seja, o deserto: a oeste (esquerda), o deserto da Líbia; a leste (direita), o deserto da Arábia. Além da oposição entre o vale e o deserto, os antigos egípcios dividiam o país em dois territórios: o Alto Egito, entre Assuã e o sul da atual cidade do Cairo, e o Baixo Egito, constituído pelo delta do Nilo, entre o Cairo e o mar Mediterrâneo.

A cheia do Nilo

A cheia depende da abundância de chuvas nas montanhas da Etiópia, onde nasce o Nilo Azul. Em sua passagem, o rio transporta o limo que nutre os cultivos e fertiliza o solo. A cheia parte da África no fim do mês de maio e só chega ao Egito no final de junho ou no início de julho. Em função dela, os egípcios delimitaram três estações para organizar o ano:

Akhet (a inundação), de junho a outubro. O Nilo transborda para as terras cultiváveis e nelas deposita seu limo fértil.

Peret (a semeadura), de novembro a fevereiro. O Nilo volta a seu curso; nos campos repletos de limo, os agricultores semeiam os grãos.

Shemu (a colheita), de março a junho. Os agricultores fazem a colheita, enquanto o nível do Nilo está muito baixo e falta água no país.

É o que dizem os antigos egípcios!
Os antigos egípcios, que não sabiam onde se originava o Nilo, acreditavam que a cheia provinha de uma caverna subterrânea situada perto da cidade de Assuã. Ali viviam o deus carneiro Khnum e suas esposas, Satis e Anuket. Diziam os antigos egípcios que todos os anos essas divindades visitavam as reservas de limo criadas por Hapi, deus do Nilo e da cheia, e liberavam as quantidades necessárias para fertilizar as terras do Egito.

Um deus para cada coisa

A religião egípcia era complexa porque envolvia inúmeros deuses que intervinham em coisas muito diferentes entre si: na vida cotidiana, no cosmos, no mundo dos mortos... Além disso, as crenças não eram as mesmas em todo o país e mudaram muito ao longo dos 3500 anos da civilização egípcia. Não é fácil se achar no meio de tudo isso...

Uma presença divina indiscutível
Os deuses egípcios pertenciam ao universo assim como os homens, as plantas, os animais e todos os elementos do cosmos. Os egípcios não questionavam a existência deles, uma vez que faziam parte da vida cotidiana: o Sol era o deus Rá, o céu era a deusa Nut, a terra era o deus Geb, o Nilo era o deus Hapi... Até mesmo os conceitos mais abstratos eram divinizados: o amor era a deusa Hator, a justiça era a deusa Maat...

Deuses aos montes
A religião egípcia se caracterizava pela diversidade de deuses. Além de numerosos, cada um podia ter vários nomes, várias funções e várias representações. Tot, por exemplo, era ao mesmo tempo deus da Lua, mestre do conhecimento, mensageiro divino e patrono dos escribas; ele podia ser representado tanto como um íbis quanto como um babuíno. Portanto, às vezes é bem difícil reconhecer um deus: um falcão pode representar Hórus, Haroéris, Hurun, Horakhty, Rá... É por isso que, se quiser ter certeza absoluta de que deus está retratado em uma imagem, a única solução é aprender a ler os hieróglifos inscritos acima da cabeça dele.

A criação do mundo

Os egípcios acreditavam que o mundo havia sido criado por Rá, o Sol. No início, o universo não existia; no lugar dele havia o *Nun*, uma espécie de grande massa de água inerte que simbolizava o nada. Desse *Nun* surgiu o Sol, Rá. Ao cuspir no chão, ele deu origem ao deus Shu (o sopro) e à deusa Tefnut (o calor). Esses deuses se uniram e criaram Geb (a terra) e Nut (o céu), que por sua vez tiveram cinco filhos: Osíris, Ísis, Hórus, o Antigo, Set e Néftis. Na sequência nasceram os outros deuses e, mais tarde, surgiram os homens. Tot, o deus do conhecimento, por exemplo, nasceu do crânio de Rá, num momento de tristeza; Anúbis, o deus da **mumificação**,* era filho de Osíris com Néftis, enquanto Hórus,** o protetor da realeza, era filho de Osíris com Ísis; a malvada serpente Apep nascera de uma simples cuspida no *Nun*.

* As palavras em negrito são explicadas no glossário da página 80.
** Não confundir com Hórus, o Antigo.

Os deuses mais conhecidos

Os egípcios veneravam centenas de deuses. Você conhece os mais populares?

Amon: deus da cidade de Tebas. Representado por um homem usando uma coroa com duas grandes plumas no topo.

Anúbis: o deus da mumificação. Representado por um chacal ou por um homem com cabeça de chacal.

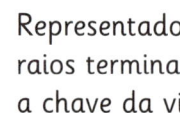

Aton: o disco solar. Representado por um disco solar cujos raios terminam em mãos que seguram a chave da vida.

Bastet: a filha do Sol. Representada por uma gata ou por uma mulher com cabeça de gata.

Bes: o deus protetor do lar, das mulheres e das crianças. Representado por um anão sorridente, sempre de frente, ao contrário das representações dos outros deuses egípcios.

Hapi: o deus do Nilo e da cheia. Representado por um gênio metade homem, metade mulher, de ventre inchado e seios caídos.

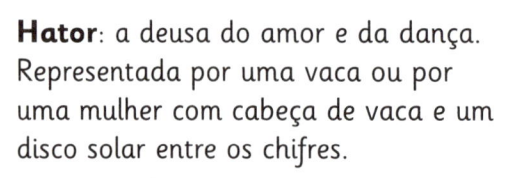

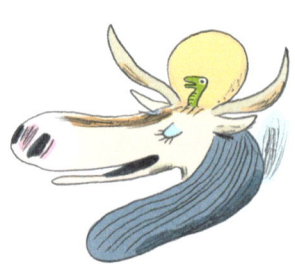

Hator: a deusa do amor e da dança. Representada por uma vaca ou por uma mulher com cabeça de vaca e um disco solar entre os chifres.

Hórus: o protetor da realeza egípcia. Representado por um falcão ou por um homem com cabeça de falcão.

Ísis: esposa de Osíris, protetora dos vivos e dos mortos. Representada por uma mulher com um trono na cabeça.

Maat: a deusa da justiça e da verdade. Representada por uma pluma de avestruz ou por uma mulher com uma pluma de avestruz na cabeça.

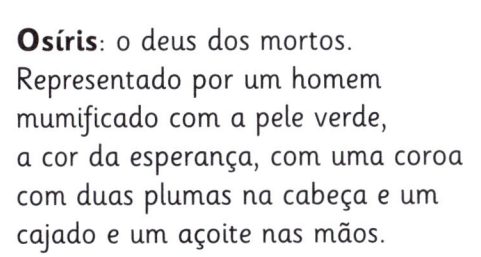

Osíris: o deus dos mortos. Representado por um homem mumificado com a pele verde, a cor da esperança, com uma coroa com duas plumas na cabeça e um cajado e um açoite nas mãos.

Rá: o Sol. Representado por um homem, às vezes com cabeça de falcão, com um disco solar na cabeça.

Sobek: o senhor das águas. Representado por um crocodilo ou por um homem com cabeça de crocodilo.

Tot: o deus da escrita e do conhecimento. Representado por um íbis ou um homem com cabeça de íbis.

Tueris: a deusa protetora das mulheres e das crianças. Representada por uma mulher com corpo de hipopótamo e patas de leão.

Faraó, o senhor das duas terras

O faraó era o rei do Egito, que subia ao trono para garantir a justiça, a verdade, a ordem e a fé. Ele reinava como senhor absoluto de tudo à sua volta, dominava o Egito e os países estrangeiros, e sempre agia segundo a própria vontade. Os súditos o veneravam porque somente ele podia assegurar felicidade, riqueza e proteção.

Faraó: metade deus, metade homem

O faraó era considerado o filho dos deuses e representante deles na Terra. Para compreender como isso era possível, você precisa saber que, para os antigos egípcios, o mundo havia sido concebido por Rá, o Sol, que se instalara no trono do Egito depois de terminar seu imenso trabalho de criação. Este período em que deuses e homens conviveram foi chamado de Idade de Ouro. Mas os homens acabaram se rebelando, e Rá, cansado e aborrecido, decidiu voltar para o céu. Assim, cedeu o poder a seus descendentes: Shu, Geb, Osíris e Hórus, o último deus a desempenhar a função de rei. Depois dele, reinaram sobre a Terra os semideuses e, por fim, os faraós humanos, que tiveram Narmer como seu primeiro representante — isso por volta de 3000 a.C., ou seja, há mais de 5 mil anos.

Como reconhecer um faraó?

As insígnias do faraó serviam para lembrar a todos que ele era um deus entre os homens. Como os deuses, ele usava uma barba postiça e, como Osíris, segurava o cajado e o açoite. Sua testa era ornada com o Olho de Rá, o **uraeus**, que o protegia e afastava os inimigos. Na cabeça, ele usava o *pschent* (a coroa do Alto e do Baixo Egito), o *nemes* (espécie de touca que cobria boa parte do cabelo) ou o *jeperesh* (a coroa azul de guerra).

Faraó: o líder incontestável do Egito

O faraó era o único homem autorizado a ocupar-se com os deuses nos **templos**: ele era, portanto, o primeiro **sacerdote** do Egito. Também era o chefe da administração e do exército. Como não podia estar em todos os lugares ao mesmo tempo, nomeava dirigentes para ajudá-lo a cumprir sua missão: grandes sacerdotes nos templos, altos funcionários na administração, generais no exército. Cada um desses homens precisava apresentar relatórios regulares ao faraó sobre as condições do setor sob sua direção.

Você sabia?

No século III a.C., o faraó Ptolomeu I solicitou ao sacerdote Mâneton que estabelecesse uma cronologia dos reis do Egito. Mâneton compôs uma lista de 190 faraós divididos em trinta dinastias. Baseados nessa lista, os egiptólogos subdividiram as dinastias em Impérios (quando o país prosperava), entremeados por Períodos Intermediários (quando o país passava por problemas políticos e econômicos), até chegar a uma fase denominada Época Baixa (que marcou o lento declínio do Egito antigo).

Os faraós mais ilustres

Djoser (*c.* 2650 a.C.)
Foi o proprietário da primeira **pirâmide** do Egito: a pirâmide escalonada de Sacara. Graças à genialidade de seu arquiteto Imhotep, os monumentos passaram a ser construídos em pedra e não em adobe (tijolo feito da mistura de terra, água e palha), e os faraós começaram a ser enterrados dentro das pirâmides, e não nas mastabas, tumbas simples em formato retangular.

Quéops (*c.* 2500 a.C.)
Foi o faraó que mandou construir a grande pirâmide de Gizé, a primeira das sete maravilhas do mundo antigo. Hoje, seu enorme monumento domina a cidade do Cairo, mas continuamos sem saber nada sobre Quéops: a única efígie dele que restou é uma estatueta de marfim com oito centímetros de altura!

Hatchepsut (*c.* 1500 a.C.)
Normalmente, as rainhas do Egito não tinham o poder de dirigir o país; ocupavam apenas um papel de representação ao lado do faraó. Ao longo de 3 mil anos, somente cinco rainhas governaram como reis: a mais famosa dessas "mulheres faraós" foi Hatchepsut. Ela reinou por vinte anos sobre os assuntos internos do Egito, enquanto Tutmés III, seu sobrinho, dirigiu os assuntos militares.

Quero TODO o planeta!!!

Tutmés III (c. 1500 a.C.)
O Egito sempre buscou ampliar suas fronteiras para se tornar o país mais poderoso do mundo. O maior conquistador dos faraós egípcios foi Tutmés III, chamado de "Napoleão Egípcio". Sob seu reinado, o país se tornou imenso: abrangia o Norte do Sudão, o Egito, a Palestina, o Líbano e a Síria.

Tutancâmon (c. 1330 a.C.)
Graças à descoberta de seu túmulo intacto no Vale dos Reis, Tutancâmon se tornou o faraó mais famoso do Egito. Seu reinado, porém, não foi glorioso: ele subiu ao trono aos nove anos de idade e morreu dez anos depois sem ter alcançado grandes feitos à frente do país.

sou eu, quando pequeno...

Ramsés II (c. 1250 a.C.)
Continua a ser o símbolo do faraó egípcio: poderoso, guerreiro e sempre vencedor. Reinou sobre o país por 66 anos e morreu aos noventa anos de idade. Dizem que teve uma centena de filhos. É o faraó sobre quem mais sabemos, pois foi o que mais construiu no Egito. Seus monumentos, que louvavam suas glórias, tinham um tamanho colossal.

Sacerdotes, os servos dos templos

Ao contrário do padre católico ou do imame muçulmano, o sacerdote egípcio não trabalhava no templo recebendo os fiéis e ajudando-os a rezar. Ele era apenas um servo do deus e deveria zelar diariamente por seu bem-estar: alimentá-lo, vesti-lo, entretê-lo e protegê-lo, de modo a deixá-lo satisfeito com os cuidados recebidos.

O templo: a casa do deus
O templo egípcio não era um local onde as pessoas se reuniam para rezar: era simplesmente a casa do deus. Cada deus importante tinha seu próprio templo; às vezes, um mesmo deus podia ter vários templos espalhados pelo Egito. Para compreender o papel dos deuses é preciso saber que a realeza egípcia se baseava num acordo estabelecido entre os deuses e o faraó. Os deuses garantiam a paz, a prosperidade, a ordem e a harmonia; em troca, o rei lhes oferecia tudo o que eles precisavam para viver, principalmente templos magníficos e presentes suntuosos.

Como eram os templos?

O templo era um local sagrado onde só podiam entrar o rei e os sacerdotes. Por isso era cercado por uma **muralha**, que protegia o edifício do mundo exterior.
A sala mais importante era o **Santuário**: uma pequena capela no centro da construção onde ficavam a estátua do deus e sua barca portátil, utilizada nas procissões. Em volta dele, diversas outras salas serviam para guardar joias, tecidos, objetos de culto...
À frente desse conjunto sucediam-se salas ainda maiores e pátios que conduziam à entrada do templo, delimitada por uma porta monumental chamada **pilone**.
Entre o templo e a muralha também havia um lago sagrado para os passeios do deus, poços, casas para os sacerdotes, depósitos, jardins...

Bem-vindo à minha casa!

Os deveres do sacerdote

Como trabalhava na casa do deus, o sacerdote devia respeitar certas regras de pureza. Precisava tomar banho várias vezes ao dia, estar completamente barbeado, depilado, ter o cabelo raspado e ser circuncidado. Ele era proibido de comer carne de cordeiro, de porco e de pombo. Também não tinha direito a legumes, sal, vinho e óleo. Só podia usar roupas de linho puro e sandálias de palmeira.
Para descansar, dispunha de uma simples esteira no chão. Para além da pureza do corpo, devia dominar inúmeros saberes: astronomia, medicina, magia, arquitetura, matemática...

Escribas, os mestres dos hieróglifos

Os escribas constituíam uma classe privilegiada e poderosa. Seja redigindo textos sagrados, seja trabalhando na administração, todos faziam parte da mesma irmandade, que tinha o deus Tot, inventor da escrita, como patrono. Ocupavam um lugar importante na sociedade porque ninguém podia dispensar seus serviços e todos dependiam deles.

Os hieróglifos: a escrita sagrada
A escrita **hieroglífica** usava desenhos para representar as letras e os sons. Foi utilizada no Egito ao longo de 3500 anos. Era uma escrita reservada aos textos gravados ou pintados nos monumentos e estátuas. No cotidiano, os escribas optavam por uma escrita simplificada: o **hierático**. É como se a hieroglífica correspondesse a nossos caracteres de impressão e o hierático à nossa caligrafia. Mais tarde, o hierático também foi simplificado para permitir que os escribas trabalhassem mais rápido: a nova escrita foi chamada **demótico**.

Fonogramas e ideogramas: um verdadeiro quebra-cabeça

A escrita hieroglífica era especialmente difícil de se ler porque seus símbolos tinham pesos diferentes. Hoje em dia, dispomos das 26 letras do alfabeto, que nos permitem ler qualquer coisa. No Egito antigo, era bem diferente. Alguns símbolos, os fonogramas, representavam um som e podiam corresponder a uma, duas ou três letras. Outros símbolos, os ideogramas, designavam uma palavra: desenhava-se um touro, por exemplo, para escrever a palavra "touro". No total, os escribas precisavam conhecer cerca de 750 símbolos diferentes para poder escrever um texto.

As ferramentas do escriba

Para escrever, o escriba sentava-se de pernas cruzadas e desenrolava sobre os joelhos uma folha de **papiro**. Depois, pegava seu material de escrita, guardado num saco de pano. Para trabalhar, ele precisava de várias ferramentas: uma paleta, espécie de prancheta de madeira, marfim ou pedra, constituída por um estojo para guardar os cálamos e dois potes de tinta; um cálamo, haste de junco com a ponta talhada para servir de pincel; um copo com água para molhar o cálamo; um raspador para apagar; e um corta-papiro para cortar o papiro no lugar certo depois de escrito o texto.

Você sabia?
Acredita-se que o número de pessoas letradas no Egito antigo não chegava a 1% da população; eram basicamente os escribas profissionais. Os textos revelam que, muitas vezes, nem os altos funcionários que dirigiam o país sabiam ler e escrever com fluência!

Os militares, defensores do império

Com a formação do Estado faraônico, o Egito antigo criou um sistema militar muito bem organizado e cuidadosamente controlado por escribas. Na teoria, o faraó, ajudado por um conselho de guerra, era o chefe supremo dos exércitos, mas ele muitas vezes delegava o comando das operações a um generalíssimo, auxiliado por tenentes.

Os dois exércitos de combate
Para batalhas importantes, a organização militar previa a intervenção de dois tipos de especialistas: os soldados a pé (a infantaria) e os soldados em carros de guerra (a carruagem). A infantaria, exército de menor prestígio, era organizada em várias divisões de 5 mil homens, às quais se somavam o comando e o estado-maior. A carruagem, exército muito mais nobre, contava com vários regimentos de cem carros.

As armas dos egípcios

No campo de batalha, os soldados dispunham de diferentes tipos de armas. Para combater à distância, utilizavam fundas ou arcos e flechas. No corpo a corpo, usavam clavas, porretes, adagas, punhais ou machados de guerra, uma arma temível capaz de matar na hora, se bem utilizada. Para se defender, eles se protegiam atrás de escudos de madeira recobertos com pele de animais. Às vezes, cobriam o corpo com espessas vestes de couro ou com cotas de malha de bronze.

A dura vida dos soldados

Ao se dirigirem aos alunos, os professores sentiam um estranho prazer em denegrir a condição dos soldados: "Vem, vou te contar sobre a condição do soldado, tantas vezes vencido. Ao caminhar pelas montanhas, ele carrega nos ombros água e a própria comida, o que deixa seu pescoço duro e suas vértebras encurvadas. Ele bebe água suja e só é poupado de seu fardo para montar guarda. Ao se aproximar do inimigo, cai na armadilha como um pássaro. Ao voltar ao Egito, parece um pedaço de madeira roído pelos vermes. Está doente e precisa deitar-se".

Você sabia?

Para conhecer o número de inimigos mortos no campo de batalha, os egípcios desenvolveram um método particular. Ao fim do combate, os soldados circulavam entre os corpos dos adversários estendidos no chão, cortavam uma mão de cada corpo e depositavam-nas diante do escriba encarregado da operação: para cada mão, um inimigo morto.

Os artesãos, os verdadeiros "artistas"

A comunidade dos artesãos reunia todos os que realizavam algum trabalho manual: ourives, escultores, pintores e carpinteiros, mas também tintureiros, barbeiros e tecelões. Entre todos os ofícios da categoria, os grandes privilegiados eram os artesãos, que efetuavam um trabalho dito "artístico".

Artesãos, mas também artistas

Quando você faz um desenho e o acha bonito, você assina: você quer que a pessoa que o receba saiba quem o fez. Os artistas egípcios, no entanto, não assinavam seus trabalhos. Por que razão? Porque a sua maior preocupação era a utilidade, não a beleza.

Quando decoravam a tumba de um faraó ou esculpiam uma estátua, era apenas para ajudar o rei a obter a imortalidade. Se hoje algumas peças são vistas como verdadeiras obras de arte, é porque algum artesão realizou muito bem o seu trabalho.

O trabalho nos ateliês

Os ateliês reais eram como um gigantesco formigueiro onde trabalhavam inúmeros artesãos: alguns fabricavam os materiais para os cultos nos templos, outros o mobiliário funerário do rei. Os operários eram agrupados em função de seu ofício: trabalhadores em madeira, em couro, em pedra e em metal. Às vezes havia ali centenas de pessoas esculpindo, pintando, serrando, aplainando, fundindo o metal, tingindo o couro... É fácil imaginar a atmosfera reinante: calor, poeira, falta de espaço, odores variados, barulho de ferramentas, gritos de supervisores, berros de trabalhadores...

Uma caixa de ferramentas muito pobre

Apesar da quantidade de trabalho, as ferramentas utilizadas eram rudimentares, principalmente entre os artesãos que lidavam com a pedra. Elas eram pouco numerosas e serviam para realizar várias tarefas: cinzéis para talhar os blocos de pedra macia, serrotes para quebrar as pedras duras, varas para os trabalhos de desbaste, brocas para fazer buracos, enxós para desenhar ranhuras e, em vez de martelos, maços de madeira ou pilões de pedra.

Você sabia?

Antigamente, os egípcios só tinham ferramentas de cobre. No início do Império Médio (c. 2000 a.C.), o bronze começou a ser utilizado (ou seja, mil anos depois do Oriente). O ferro entrou timidamente no Egito sob o reinado de Tutancâmon (c. 1350 a.C.), mas só se difundiu entre 1000 a.C. e 600 a.C.

Os agricultores, os esquecidos da sociedade egípcia

O Egito deve sua riqueza ao trabalho obstinado do agricultor, que lavrava incansavelmente uma terra que não era sua e sustentava uma sociedade que mal lhe dava o suficiente para sobreviver. Com o passar dos séculos, sua condição e seu modo de vida pouco evoluíram: ele sempre foi negligenciado pela sociedade egípcia.

Agricultura: um ofício ingrato

Os escribas registraram as condições sob as quais viviam os agricultores: "O cultivador tem um ofício duro. Quando as águas da cheia cobrem o solo, ele cuida de seus materiais de trabalho, passa os dias talhando as ferramentas e as noites fabricando cordas. Os gafanhotos são numerosos nos campos, o gado devora os cultivos, os pardais fazem miséria. O que sobra vai para os ladrões. Então o escriba desembarca na costa; ele vem coletar o imposto sobre a colheita. Os guardas chegam armados de porretes. Eles reclamam o grão, mesmo quando não há nenhum. Surram o agricultor, amarram-no e o jogam no poço. Sua mulher também é amarrada e seus filhos são acorrentados".

A irrigação das terras no centro da vida dos agricultores

Durante as águas baixas, depois da estação da colheita, o agricultor precisava se ocupar dos trabalhos de irrigação, essenciais para a boa exploração da terra. Eles monopolizavam não apenas os trabalhadores do setor agrícola mas também uma numerosa mão de obra recrutada em regime de **corveia**. Para tirar o máximo proveito dos benefícios da cheia, restauravam os diques e os canais destruídos pelas águas, construíam novos, se necessário, e irrigavam as terras secas.

O agricultor: um desconhecido dos arqueólogos

Nas paredes de seus túmulos, os egípcios representavam cenas da vida cotidiana, em especial as atividades nos campos. Portanto, sabemos perfeitamente como o agricultor trabalhava para fazer a terra frutificar. Em contrapartida, ignoramos por completo sua vida pessoal, pois ele não deixou muitos vestígios de sua passagem. Sem dúvida morava com a família numa casa de adobe muito simples, perto do local de trabalho, e, ao morrer, devia ser enterrado numa fossa ou diretamente nas areias do deserto.

Você sabia?
No Egito, a superfície cultivável representava apenas 3,5% da área do país; o restante era coberto por desertos. Isso explica por que os agricultores egípcios precisavam tirar o máximo proveito de suas terras, pois uma safra ruim levava necessariamente à fome.

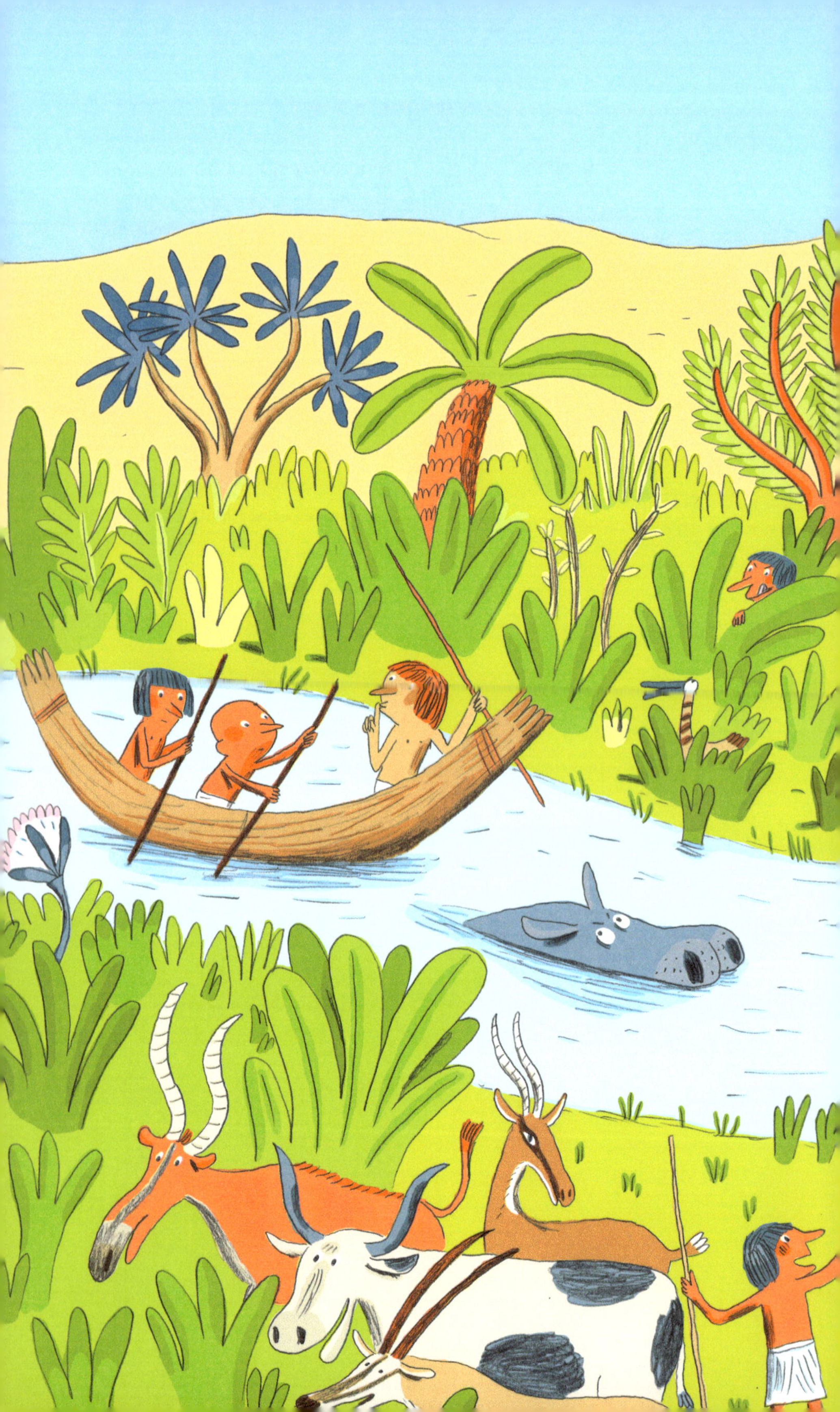

2
O TRABALHO NO VALE DO NILO

A agricultura

A cultura de cereais era a atividade mais importante da agricultura egípcia, sobretudo o cultivo de cevada e trigo, utilizados na fabricação de pão e cerveja, base da alimentação. Em certos terrenos, porém, também cultivavam hortaliças e pepino.

A agrimensura
Logo depois da cheia (ao longo do mês de novembro), escribas especializados mediam a superfície dos campos: faziam a agrimensura. Essa operação permitia determinar o imposto a ser pago pelo agricultor aos agentes do Tesouro. Como instrumento de medição, o agrimensor utilizava uma corda com nós a cada cinco côvados (3,3 metros).

A semeadura e o lavradio
Em seguida, era preciso aproveitar os poucos dias em que a terra continuava tenra para semear os grãos e lavrá-la. No Egito, a terra era tão macia que não precisava de trabalho preparatório; o lavradio servia para afundar as sementes no solo. Para lavrar, utilizava-se um arado puxado por bois e conduzido por um homem. As terras menos inundadas exigiam que as porções endurecidas do solo fossem retiradas com o auxílio de um maço ou de uma enxada.

A colheita

Depois do lavradio vinha a colheita, que tinha início no mês de março. Começava-se pela cevada e, algumas semanas depois, era a vez do trigo. Para cortar os cereais, os agricultores utilizavam foices. Seguravam a parte de cima da planta com uma mão e, com a foice na outra, cortavam as espigas na base dos grãos, depositando-as no chão.

Ai! Isto é o meu dedo!

A debulha e o joeiramento

Para transportar as espigas para a zona de debulha eram utilizados cestos de vime, carregados por homens ou burros. Chegando ao destino, o trigo era depositado na área de extração, revirado com a ajuda de forquilhas e pisoteado por bois; o processo separava os grãos das espigas. Faltava apenas livrá-los de suas cascas. Os agricultores pegavam uma concha de madeira, abaixavam-se, enchiam a cavidade dela com grãos e atiravam-nos o mais alto possível para que o vento carregasse as cascas.

A contagem e o pagamento dos impostos

Restava apenas contar o trigo. Sob o olhar vigilante dos escribas, os trabalhadores enchiam alqueires, recipientes com capacidade de 4,8 litros: para tantos alqueires contabilizados, tantos litros de trigo colhidos. O escriba exigia, então, a quantidade de trigo determinada durante a agrimensura dos campos. O agricultor que não pagasse o imposto era espancado!

A criação de animais

Ao lado da agricultura, a criação de animais foi um dos setores mais importantes da economia egípcia. Bem à frente destacava-se o gado bovino, depois vinham os pequenos rebanhos de cabras e ovelhas, e então os burros e as aves (gansos, patos, cisnes, pombas, grous, pelicanos ou marrecos; só não havia galinhas, já que elas chegaram ao Egito apenas na época grega).

Rebanhos impressionantes
Entre 3000 a.C. e 1500 a.C., constatou-se uma real evolução na composição dos rebanhos: certas espécies desapareceram e foram substituídas por outras, vindas da Ásia. Nas representações mais antigas é surpreendente a diversidade encontrada: animais domésticos apareciam ao lado de gazelas, antílopes, íbex, órix, cervídeos e até hienas. Antigamente, os egípcios esforçavam-se para domesticar qualquer tipo de animal, inclusive os selvagens capturados no deserto. As tentativas fracassaram e, em pouco tempo, os criadores passaram a se dedicar a algumas poucas espécies: bois, burros, cavalos, cabras, ovelhas, porcos, gansos e patos.

A pecuária

Nas cenas da vida cotidiana, o lugar reservado à criação de gado era muito importante. O boi era o animal preferido dos egípcios, pois além de servir ao consumo prestava grandes serviços aos trabalhos agrícolas.

As imagens antigas muitas vezes mostravam o vaqueiro acompanhado de seus animais em cenas cotidianas: atravessando juntos um canal, tirando o leite de uma vaca, assistindo ao nascimento de um bezerro. Ele gostava tanto de seus animais que, por vezes, decorava seus chifres ou lhes dava apelidos: Dourada, Brilhante, Bela.

E mais impostos!

Assim como os agricultores, os criadores de animais tinham que pagar um imposto sobre os rebanhos. Para que a contagem dos animais pudesse ser feita, era preciso reuni-los na casa do proprietário uma vez por ano: no início do verão, os pastores buscavam os animais nas pastagens ou nos estábulos. Na casa do proprietário, os escribas ficavam à espera: eles verificavam o número de cabeças de cada espécie, registravam os nascimentos e anotavam as mortes. De posse dessas informações, fixavam o valor do imposto.

Você sabia?
Na época faraônica, os criadores de animais também engordavam gansos, mas não para fazer patê de fígado. Simplesmente porque quanto mais gordo o ganso, mais ele era apreciado pelos gourmets egípcios.

A pesca e a caça

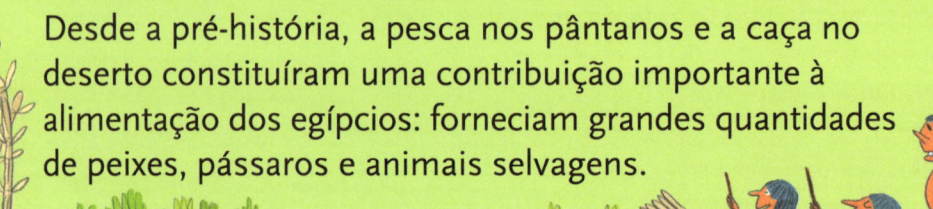

Desde a pré-história, a pesca nos pântanos e a caça no deserto constituíram uma contribuição importante à alimentação dos egípcios: forneciam grandes quantidades de peixes, pássaros e animais selvagens.

As diferentes técnicas de pesca

A pesca com rede era o procedimento mais rápido e eficaz para conseguir muitos peixes de uma só vez. A operação exigia uma dezena de homens, duas canoas e uma grande rede retangular prolongada em duas extremidades opostas por uma corda. Os pescadores levavam a rede para longe da margem e estendiam-na entre as duas canoas. Depois, voltavam lentamente, arrastando a rede atrás das embarcações.

Chegando em terra firme, os homens saltavam das canoas e, sempre divididos em duas equipes, puxavam os dois lados da corda para trazer os peixes.
Quando os peixes eram grandes demais, os pescadores usavam arpões, bastões com ganchos na ponta que cravavam na carne do peixe. Para consumo próprio, em vez de mergulhar uma rede preferiam o puçá ou uma linha com anzol, a precursora da vara de pescar.

A caça com rede

Esse era um sistema muito engenhoso para capturar pássaros com facilidade. Para instalar a armadilha, os caçadores escolhiam algum lugar que tivesse uma lagoa. A partir das duas margens dela, eles estendiam sobre a superfície da água uma rede, composta por duas partes que podiam ser fechadas sobre si mesmas. De um lado, a rede era comandada por uma corda presa a uma estaca; os homens ficavam ali e esperavam pacientemente que as aves pousassem sobre ela. O líder, escondido entre os arbustos, segurava um lenço na mão e, assim que a presa lhe parecesse boa, agitava-o. Esse era o momento de puxar energicamente a corda e fechar a rede com os pássaros dentro.

A caça no deserto

A caça com rede, que permitia capturar animais selvagens, era praticada por profissionais que conheciam os hábitos deles e os lugares onde costumavam matar a sede. O objetivo da manobra era atrair os animais para um terreno preparado de antemão e depois prendê-los numa armadilha. Escolhia-se o fundo de um pequeno vale escarpado, em torno do qual se estendia a rede. Dentro, colocava-se água e alimento, e então era só esperar. Pouco a pouco, os animais eram atraídos pela isca. Quando a presa era boa, fechava-se a rede e soltavam-se os cães para perseguir os animais que tentavam fugir assustados. Em seguida, os caçadores acorriam com bastões e cordas.

A exploração de minas e pedreiras

Os desertos egípcios eram riquíssimos em minerais: havia pedras como granito, alabastro, calcário, grés e quartzito; metais como ouro, cobre, chumbo e galena; e ainda pedras preciosas como turquesa, pórfiro e ametista.

O trabalho nas pedreiras

Para extrair as rochas das pedreiras, os egípcios utilizavam técnicas variadas. Quando a pedra era macia (como o calcário), usavam uma picareta de metal sobre a qual batiam com um martelo de madeira. Quando a pedra era mais dura (como o granito), faziam pequenas cavidades retangulares a distâncias regulares ao longo do bloco que queriam retirar da parede rochosa. Nos buracos assim preparados, colocavam cunhas de bronze ou madeira. Por fim, com um martelo, batiam nas cunhas até a pedra se soltar.

O trabalho nas minas

Dentro das minas, o trabalho era duro; era, com frequência, executado por prisioneiros. Utilizando pesados martelos, os homens escavavam galerias subterrâneas ao longo dos veios; às vezes, as camadas ricas em minérios eram tão profundas que, para alcançá-las, era preciso cavar poços ou galerias com mais de cem metros de comprimento. Para iluminar o trabalho, eles carregavam lâmpadas a óleo penduradas na cabeça.

Era muito apertado dentro das minas, por isso os homens trabalhavam agachados, encurvados pela falta de espaço, com o cinzel de bronze numa mão e o martelo na outra. Depois da extração dos blocos, era preciso retirá-los da mina: os mais jovens, que conseguiam se esgueirar com mais facilidade pelas galerias, faziam esse trabalho.

Uma demanda enorme

O Egito faraônico foi um grande consumidor de pedras e metais. Numa época em que o concreto não existia, todos os edifícios importantes eram construídos em pedra, principalmente os templos e os túmulos (como as pirâmides). Os metais e as pedras preciosas eram utilizados para a fabricação de ferramentas, joias e, principalmente, objetos que acompanhariam o rei em seu túmulo.

Você sabia?

O primeiro mapa da história é egípcio. Ele data de aproximadamente 1150 a.C. e representa as minas de ouro de Wadi Hammamat, no deserto da Arábia. Nele podemos ver as minas, as rotas para se chegar até elas, as cabanas dos operários, os pontos de água e as capelas dedicadas aos deuses.

As ciências

Os egípcios eram muito bons em ciências, principalmente em matemática e astronomia.
Tinham conhecimento profundo nessas áreas, geralmente relacionados a questões práticas do dia a dia: como calcular a superfície de um terreno, como orientar um monumento de acordo com os quatro pontos cardeais, como determinar a passagem das horas durante a noite...

A matemática aplicada à vida
Ao contrário dos gregos, que davam muito valor à teoria, os egípcios só se interessavam pela prática: o importante era o resultado obtido, e não a maneira de se chegar a ele. Os livros de matemática da época se propunham a ensinar cálculo aos alunos: para cada exercício havia o enunciado do problema e sua solução. Sem perder tempo com a teoria, esses manuais deveriam ajudar os estudantes a treinar.

Vamos ter que operar...

Uma medicina ainda muito primitiva
As obras de medicina eram livros de receitas destinados a orientar o médico que recebia um paciente.
Cada caso era analisado em três partes. Por exemplo: "Se observares alguém que tem pus nos olhos (a descrição dos sintomas), dirás que é uma conjuntivite (o diagnóstico) e pintarás os olhos dele com ocre vermelho (o tratamento)".
No entanto, as prescrições quase nunca tinham um real impacto sobre a doença: ou o paciente se curava sozinho ou morria de infecção.

Uma astronomia muito eficaz

Ignoramos a extensão dos conhecimentos astronômicos dos egípcios, pois os mapas celestes da época ainda não foram totalmente decifrados. Mas sabemos que esses saberes eram muito desenvolvidos e que os astrônomos eram especialmente competentes na observação das estrelas.

O calendário solar: uma invenção egípcia

Devido à importância da agricultura no vale do Nilo, os astrônomos egípcios criaram o calendário solar. Este compreendia 365 dias, divididos em doze meses de trinta dias. No fim do ano, restavam cinco dias chamados "epagômenos". Cada mês contava com três **decêndios** de dez dias; e cada dia tinha 24 horas.

O ano era dividido em três estações de quatro meses: inundação, semeadura e colheita. O único problema desse calendário era que ele desconsiderava um quarto de dia, já que o ano solar conta com 365 dias e um quarto. Hoje, recuperamos esse um quarto de dia com o ano bissexto a cada quatro anos. Os egípcios nunca tentaram corrigir esse erro.

Ah! As estações não são mais as mesmas!

Agora chove durante a seca!

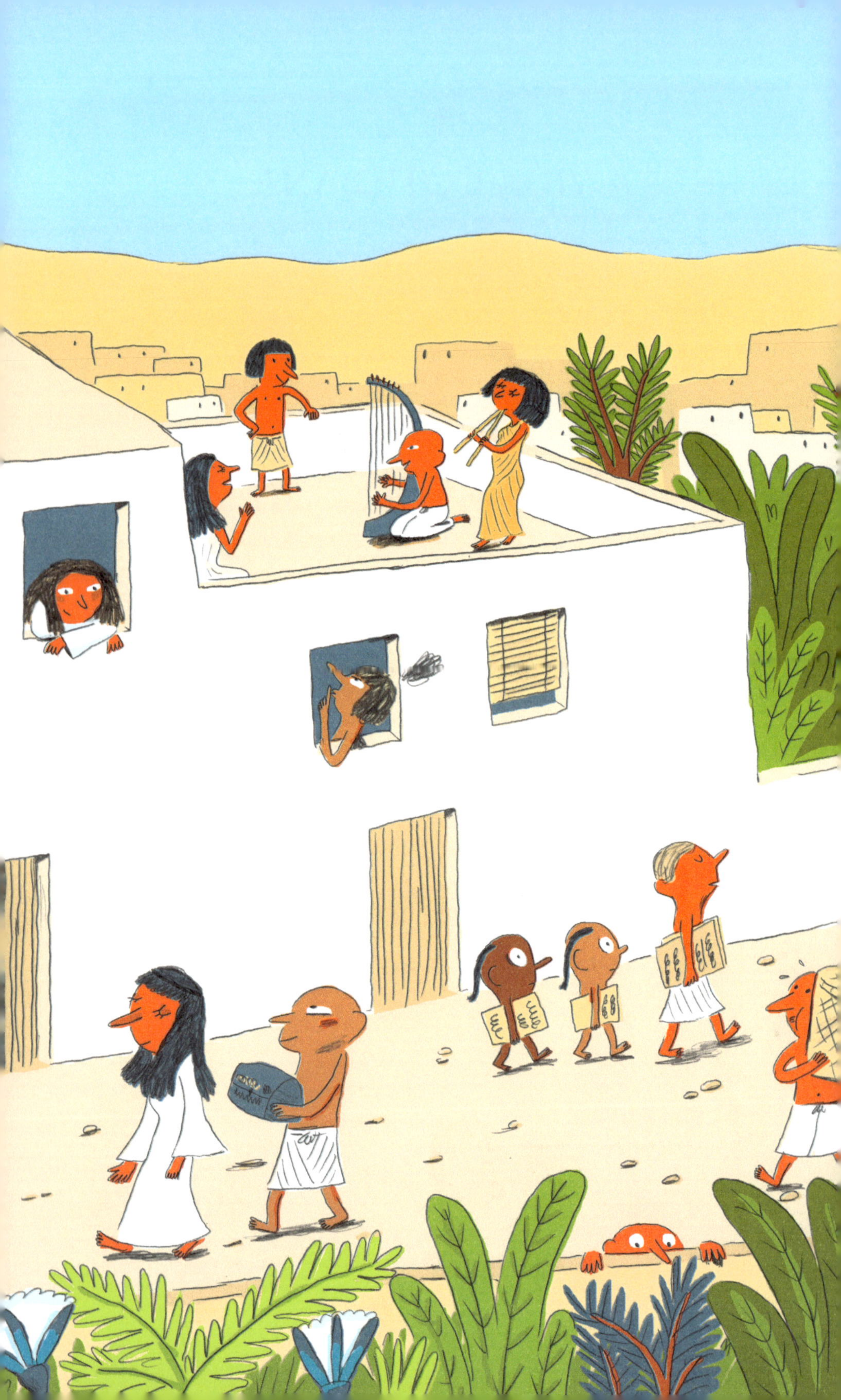

3
A VIDA COTIDIANA

Casas e jardins

O conforto e o luxo de uma casa egípcia dependiam de seu tamanho, é claro, mas também da importância dada ao jardim e aos espaços de circulação (entrada, corredores e pátios). Da mesma forma, a qualidade das pedras escolhidas para decorar ou erguer os diferentes elementos do edifício revelavam o nível de riqueza do proprietário.

A casa-modelo

As casas egípcias eram feitas de adobe: uma mistura de limo do Nilo, água e palha, com a qual eram fabricados os tijolos, secos ao sol. Bastante sólido e especialmente adaptado a um país onde quase nunca chovia, esse material era utilizado na construção de muros e paredes. Para batentes de portas e bases de colunas, usavam-se pedras.
A madeira servia para vigas de sustentação, colunas e portas. Todos esses elementos eram pintados de vermelho, cor que afastava os demônios. Esteiras de junco cobriam o chão de terra batida. As casas mais simples tinham uma entrada, uma sala principal, um quarto, uma cozinha e uma despensa para guardar os alimentos. O telhado, ao qual se chegava por meio de uma escada, era usado como terraço.

Havia casas e casas!

Nas cidades, sempre existiam dois setores distintos: o dos altos funcionários do governo e o das pessoas simples. Enquanto as casas comuns eram pequenas (não superavam o tamanho de um quarto grande, cerca de 25 metros quadrados), as casas dos ricos eram imponentes, podendo chegar a 2400 metros quadrados e setenta cômodos, com um número considerável de corredores, quartos, salas e pátios.

Você sabia?

As representações iconográficas mostram que os egípcios também sabiam construir pequenos prédios. No entanto, como esses edifícios já não existem há muito tempo, não sabemos que materiais eles utilizavam para evitar que os andares desabassem.

O jardim

Uma casa jamais funcionava sem o seu jardim; quanto maior ele fosse, mais orgulhava o proprietário. O jardim se organizava em torno de um lago central. Em volta dele, plantavam-se árvores, que eram alinhadas e separadas umas das outras em função da espécie. Um texto menciona um jardim com mais de quinhentas árvores de 23 espécies diferentes, com algumas verdadeiras raridades: sicômoros, pérseas, tamareiras, figueiras, tamargueiras...

Está na mesa!

A comida egípcia se caracterizava pela variedade e pela fartura de alimentos postos à mesa, mas não existe nenhum vestígio real de "gastronomia", com receitas sofisticadas; era uma cozinha de gulosos, e não de gourmets!

As refeições em casa
Os egípcios faziam três refeições por dia: um café da manhã, quando cada um comia sozinho; uma refeição por volta do meio-dia; e uma refeição à noite, a mais importante e a única que reunia toda a família. Em geral, comia-se agachado em torno de uma esteira de junco na qual eram colocados os pratos. Na casa das pessoas mais ricas, os pais comiam diante de uma mesa farta, enquanto as crianças sentavam-se em almofadas no chão.

Saber portar-se à mesa
Quando se era convidado à casa de alguém, convinha respeitar certas regras de etiqueta. Nunca se devia correr até a mesa e era recomendado comer o que estava sendo oferecido, sem solicitar outros alimentos ou quantidades maiores de comida. Era de bom-tom esperar que o dono da casa começasse a comer antes de servir-se. Se ficasse satisfeito primeiro que os outros, tinha que fingir ainda estar comendo, mastigando o vazio. Por fim, nunca se devia encarar o dono da casa nem falar sem que lhe fosse solicitado.

Grandes comedores de pão, carne e peixe

O pão era a base da alimentação egípcia. Havia de vários tipos, salgados ou doces, preparados ou não no forno. Os egípcios eram grandes amantes de carne e peixe: boi, gados do deserto (antílopes, gazelas ou íbex), pássaros aquáticos (patos, pombos, marrecos, codornas, grous ou gansos) e inúmera variedade de peixes, exceto talvez o peixe-boi pargo (o "asqueroso").

Carnes e peixes eram degustados grelhados, secos ou em guisados, acompanhados de legumes crus ou cozidos em óleo, manteiga ou gordura de ganso: lentilha, grão-de-bico, pepino, agrião, alho-poró, fava, cebola, alho…

Um trago!

No dia a dia, as refeições eram acompanhadas de cerveja, descrita como uma bebida alcoólica de gosto suave e cheiro agradável. Nos dias de festa, porém, preferia-se o vinho. O Egito possuía vinhos muito bons, e era comum os convidados exagerarem na bebida; ao menos é o que sugerem certas representações em que se nota os convivas devolvendo o excesso de álcool!

A família

Assim que chegavam à idade de casar, os egípcios sonhavam formar uma família e ter muitos filhos. Embora todos os recém-nascidos fossem bem acolhidos, o desejo maior do pai era o de ter um filho homem que pudesse perpetuar seu nome e sucedê-lo em suas funções depois que ele morresse.

O nascimento

Numa época em que a medicina não era tão eficiente quanto hoje, o nascimento de uma criança sempre representava um momento de preocupação. A mulher paria em casa e, na hora de dar à luz, isolava-se do restante da família; era auxiliada por uma parteira e algumas vizinhas.

Assim que a criança nascia, os pais consultavam seu mapa astral. Algumas datas eram favoráveis, outras não. No segundo mês da *akhet* (que começava em meados de junho), por exemplo, quem nascia no dia 9 morria de velhice, mas quem nascia no dia 4 morria de febre, no dia 5 morria-se de amor, e no dia 6 morria-se de embriaguez!

A infância

A mãe amamentava o bebê por dois ou três anos. A partir dos quatro anos, a criança circulava nua, com uma pequena pérola azul pendurada ao pescoço para afastar o mau-olhado. Na cabeça, uma mecha de cabelo puxada para o lado: a "mecha da infância", abandonada na adolescência. A menos que tivessem a sorte de ir para a escola, o menino acompanhava o pai no trabalho e a menina ajudava a mãe em casa. Caso contrário, as crianças brincavam com animais de verdade e com brinquedos, ou organizavam jogos na rua.

O casamento

As meninas casavam por volta dos doze ou treze anos, os meninos por volta dos quinze ou dezesseis. O futuro esposo às vezes era designado pelos pais, mas também podia ser escolhido pela noiva; nos dois casos, o pai dela devia dar seu consentimento para que a união pudesse ocorrer. Era permitido morar junto sem ter um contrato de casamento; este seria redigido mais tarde e constituiria uma garantia para a mulher em caso de divórcio. Depois que a esposa entrava na residência do marido, ela se tornava a "dona da casa". Ocupava-se, então, da organização do lar e da educação dos filhos.

Você sabia?

A mulher egípcia gozava dos mesmos direitos que o homem. Ela possuía seus próprios bens e podia dispor deles como quisesse. Em caso de divórcio, a lei era especialmente favorável às mulheres; os maridos saíam totalmente arruinados do fim dos casamentos — sem dúvida por isso as uniões egípcias eram tão estáveis.

Vestir-se e pentear-se

Homens e mulheres davam especial importância aos cuidados com o corpo, às roupas e aos penteados. Os egípcios eram de fato pessoas muito vaidosas e tinham inúmeras fórmulas para deixar os cabelos mais brilhosos, disfarçar espinhas, tonificar a pele, evitar sobrancelhas grisalhas...

A mulher ideal
Os cânones de beleza da mulher egípcia eram na verdade bastante modernos: magra, com formas harmoniosas, pernas esguias, seios pequenos e nem sinal de barriga. Sua pele era levemente rosada e ela se maquiava com grande discrição. Nas maçãs do rosto e nos lábios, aplicava um óleo tingido com ocre vermelho, enquanto um simples traço de *kohl* contornava seus olhos amendoados. Usava sempre muitas joias: brincos, braceletes, anéis, colares, tornozeleiras...

... nem pense em entrar sem sapatos!!!

Você sabia?
No Egito, os sapatos não tinham a mesma utilidade que têm para nós. Por incrível que pareça, eles eram reservados para atividades em ambientes fechados. Na rua, era de bom-tom retirar as sandálias para caminhar, levá-las na mão e calçá-las ao chegar ao destino.

Roupas às vezes muito sofisticadas

No dia a dia, a mulher usava um vestido de linho, justo e com alças, e o homem, uma tanga curta feita com um pedaço simples de tecido amarrado à cintura. Na alta sociedade, a mulher usava um vestido longo e plissado, de linho branco quase transparente e com mangas compridas. Às vezes, ela cobria os ombros com um xale. Qualquer que fosse a roupa, o tecido nunca era estampado, apenas enfeitado com fitas coloridas. O homem, por sua vez, cobria a tanga com uma espécie de calçola bufante na altura dos joelhos e, sobre o peito, usava uma túnica leve de mangas largas e plissadas.

As perucas

Era comum mulheres e homens usarem perucas feitas com cabelos naturais colados uns aos outros com cera quente. Os penteados variavam: mais ou menos longos, com ou sem franja, lisos, cacheados ou ondulados (às vezes com centenas de trancinhas), arredondados na altura do pescoço ou cobrindo os ombros... A cabeleira negra, às vezes tingida de hena nas pontas, era decorada com uma fita de tecido ou metal precioso amarrado na altura da testa.

A educação

"Quero te fazer amar os livros mais do que amas tua própria mãe, e que este ideal penetre em ti", dizia o pai quando o filho se preparava para entrar na escola. A partir dos cinco ou seis anos, algumas crianças tinham o privilégio de ir para a "casa de instrução", ou seja, para a escola: quase todas eram parentes do rei ou filhas de pessoas ilustres.

A escola e o professor

A escola era dirigida por funcionários ligados ao palácio real, aos templos ou aos principais departamentos da administração. Ao contrário de hoje, os alunos não eram divididos em turmas por níveis: assim que entravam na instituição, as crianças eram designadas a um professor que as acompanhava por toda a vida escolar.

Livros e cadernos

Para o aluno que quisesse se tornar escriba, os dias começavam cedo: ao amanhecer, ele saía de casa com seu material de escrita. Chegando à escola, recebia suas tarefas. Dependendo do grau de riqueza da instituição, os alunos escreviam em fragmentos de cerâmica ou calcário (chamados **óstraca**), em tabuinhas de madeira cobertas por uma camada de gesso, em plaquetas de calcário polido ou em rolos de papiro. Para certas matérias, principalmente matemática, eles tinham livros de exercícios.

... é o vaso que eu quebrei ontem à noite...

O que se aprendia na escola?

Começava-se ensinando as crianças a escrever, por meio de exercícios de cópia e ditados. Primeiro, o aluno traçava símbolos isolados; depois de aprender o alfabeto, passava a listas de palavras; com muito treino, copiava textos cada vez mais extensos.

Procurava-se incentivar uma escrita bonita, um estilo elegante e uma ortografia perfeita. Além de passar exercícios de escrita, gramática e conjugação, o professor iniciava os alunos no conhecimento das leis e das regras, em matemática e geometria, história, geografia e nos estudos de línguas estrangeiras.

Os bons e os maus alunos

Os textos antigos mencionam alguns casos de crianças-prodígio, mas, na maioria das vezes, a relação entre professor e aluno era bastante tensa. Quando uma criança se recusava a estudar, tudo era permitido para incitá-la a pegar os livros: elogios, competições, promessas de um futuro glorioso, privação de liberdade, castigos, ameaças... O aluno podia ser comparado a um antílope do deserto ou a um ganso do Nilo, animais considerados absolutamente inúteis.

A música e a dança

A música e a dança estavam no âmago da vida dos egípcios. Não havia festa religiosa, banquete ou enterro sem a presença de uma orquestra mais ou menos numerosa, acompanhada de cantores e dançarinos.

Uma orquestra muito diversificada
Inicialmente, a orquestra era composta de três instrumentos: o clarinete duplo, a harpa e a flauta. Era comum um cantor acompanhar os músicos. Ajoelhado perto da orquestra, ele seguia os instrumentistas com o olhar: com uma das mãos, tampava o ouvido para escutar melhor a própria voz, enquanto a outra marcava o andamento.

Mais tarde, a orquestra cresceu, ao mesmo tempo que se feminilizou. Alaúde, lira, oboé duplo, tamborim, castanholas, sistro e harpa passaram a fazer parte da formação de um bom conjunto musical.

A dança
Ao lado da orquestra ficavam os dançarinos ou as dançarinas. O tipo de festa determinava a coreografia a ser executada. As danças mais graciosas figuravam nas cenas de banquetes. As jovens dançarinas usavam, como única vestimenta, um cinto em volta do quadril. Levadas pela música, elas rodopiavam e batiam o ritmo com as mãos. A pulsação acelerava, e elas se mexiam, agitavam graciosamente o corpo e efetuavam movimentos ritmados... Uma coreografia bastante parecida com a da dança do ventre!

Existiam partituras?
Há dúvidas sobre a notação musical no Egito antigo. Sabe-se que não existia uma verdadeira escrita dos sons e dos ritmos, mas, nas representações iconográficas, vestígios de algum tipo de notação às vezes figuram ao lado dos músicos: eram signos isolados que talvez evocassem um som prolongado ou a repetição de uma melodia.

Você sabia?
Os músicos também eram dirigidos por um maestro, chamado de quirônomo: com um gesto de mão, ele indicava a música a ser interpretada ou o ritmo a ser seguido. Ao contrário do maestro moderno, que dirige todos os músicos de um conjunto, na época havia tantos quirônomos quanto músicos. Assim, quando os gestos dos diferentes quirônomos se igualavam era porque toda a orquestra estava tocando a mesma melodia; quando eles diferiam era porque os músicos tocavam coisas diferentes.

O lazer

Todo egípcio gostava de ter algum passatempo em seus dias de folga. Alguns caçavam ou pescavam, outros passeavam, organizavam banquetes ou descansavam em seus jardins. Às vezes, porém, as atividades podiam ser um pouco mais dinâmicas.

Os esportes de combate

O esporte preferido dos egípcios era a luta. Ignoramos suas regras, mas é possível reconhecer através da iconografia vários golpes ainda hoje praticados pelos lutadores modernos. Os egípcios também organizavam torneios aquáticos. Cada equipe se posicionava dentro de uma barca. Os homens seguravam varas de madeira e deviam desequilibrar a barca do adversário, fazendo com que seus ocupantes caíssem na água. Quando isso acontecia, a disputa terminava. Os egípcios praticavam ainda esgrima com bastões. O braço que não segurava a arma era protegido por uma bandagem de couro.
Os combatentes lutavam cara a cara, as pernas afastadas e levemente flexionadas, mas não sabemos que golpes eram permitidos.

A caça e a pesca nos pântanos

Os membros da alta sociedade gostavam de ir aos pântanos para passar o dia pescando ou caçando. Essa atividade de lazer era praticada em família: o pai, a mãe e as crianças passeavam de barca. Os peixes eram pescados com um arpão, e os pássaros, com um bastão de arremesso.

O caçador ficava em pé à espera do momento certo para lançar a arma. O bastão de arremesso era uma fina tábua de madeira com uma extremidade curva esculpida em forma de cabeça de serpente: a arma ideal para capturar aves aquáticas alçando voo.

A caça no deserto

A caça no deserto era um esporte de elite praticado pelo faraó e pelos dignitários. Grandes batidas eram organizadas, durante as quais caçavam-se avestruzes, elefantes, touros selvagens, animais do deserto e leões. Eles eram capturados em armadilhas e redes ou abatidos com arco e flecha.

Você sabia?

Assim como nós, os egípcios também gostavam de jogos de tabuleiro: o mais conhecido era o *senet*, uma espécie de gamão. As regras desse jogo não chegaram até nós, mas se você procurar pela palavra "*senet*" na internet, verá que alguns sites ensinam a jogá-lo... com regras sem dúvida muito diferentes das egípcias.

A vida após a vida

Para os egípcios, a morte não era um fim, mas uma passagem para outra forma de existência. Apenas o corpo ficava no túmulo: agora era a hora de a alma passear entre o mundo dos mortos e o dos vivos. Ao contrário da vida na Terra, essa segunda vida era eterna. Portanto, era bom preparar-se para ela da melhor maneira possível.

A morte: um momento difícil

Nenhum povo se dedicou tanto à morte, e principalmente à sobrevida, quanto os egípcios. O que não significa que amavam a morte; pelo contrário, eles se dirigiam a ela como a uma pessoa injusta. No entanto, como a vida após a morte era eterna, eles precisavam tomar todas as providências necessárias para a passagem da alma ao além: enterro, túmulo e capela funerária.

A alimentação no além

Como o defunto voltava à vida no além, parecia totalmente natural que, nessa nova existência, ele se alimentasse. Na verdade, não havia nada mais temido que uma segunda morte, dessa vez definitiva. O defunto só conseguia escapar dela se fossem regularmente levados à sua capela funerária alimentos e bebidas, sem os quais ele não poderia sobreviver. Todo túmulo possuía, portanto, um anexo no qual eram depositadas as oferendas que garantiam a sobrevida do morto.

Menu do dia: antílope ao alho-poró.

A pesagem da alma

Todo defunto desejava ser recebido no reino de Osíris, o grande deus dos mortos. O caminho que levava a ele, porém, era longo e penoso; o morto era submetido a inúmeras provações, em especial à pesagem da alma, onde se procurava saber se ele havia sido bom durante sua vida na Terra. Num dos pratos da balança colocava-se o coração do defunto. No outro, uma pluma, símbolo da deusa da justiça e da verdade. Se o coração pesasse o mesmo que a pluma, o homem havia sido bom e poderia entrar no reino de Osíris. Se o coração pesasse mais que a pluma, havia sido mau e acabaria devorado por um monstro.

Os ushebtis: os agricultores do pós-vida

Quando o defunto era acolhido no reino de Osíris, ele recebia um pequeno pedaço de terra: essa propriedade devia ajudá-lo a prover suas necessidades alimentares. Ora, para que a terra produzisse cereais, legumes e frutas, era preciso cultivá-la, uma tarefa considerada muito cansativa. Assim, para não ter que trabalhar por si mesmo, o defunto confiava esse serviço a pequenas estatuetas, chamadas **ushebtis**. Colocadas dentro do túmulo, ao lado do sarcófago, esperava-se que elas realizassem o trabalho agrícola no lugar do defunto.

A última viagem

Era importante que a passagem do mundo dos vivos para o dos mortos acontecesse em boas condições. Essa última viagem era geralmente preparada com antecedência: quando a morte chegava, as providências para a **mumificação** já haviam sido tomadas, o túmulo e o mobiliário funerário estavam prontos, a provisão de alimentos havia sido providenciada.

A mumificação
O embalsamamento permitia a conservação do corpo. Essa operação era feita por especialistas. Primeiro, eles retiravam o cérebro pelas narinas com a ajuda de um gancho de ferro. Depois, com uma faca, faziam uma incisão ao longo do corpo e o esvaziavam de suas entranhas. Por fim, para desidratá-lo, mergulhavam-no em natrão (espécie de sal) por setenta dias. Assim que o corpo estivesse completamente seco, ele era perfumado e enfaixado. À medida que as faixas de tecido eram enroladas, colocavam-se **amuletos** protetores sobre o corpo. As vísceras (fígado, pulmões, estômago e intestinos) eram mumificadas à parte e depois depositadas em quatro vasos, chamados de **vasos canópicos**.

A passagem de leste a oeste

O Egito estava dividido em dois pelo Nilo: a leste, onde o sol nascia, moravam os vivos; a oeste, onde o sol se punha, reinavam os mortos. Era na margem oeste que ficavam os **templos funerários** e os túmulos. Durante os enterros, portanto, o cortejo fúnebre precisava atravessar o Nilo para conduzir o defunto à sepultura.

O enterro

Quando alguém morria, a primeira preocupação era mumificar o corpo para garantir sua conservação. Depois que a múmia estivesse pronta, faziam-se diferentes ritos para que ela voltasse à vida e colocavam-na em seu sarcófago: o cortejo fúnebre estava pronto para atravessar o Nilo rumo ao túmulo do defunto. À frente, caminhavam os sacerdotes, que levavam o sarcófago. Atrás deles, carpideiras profissionais eram pagas para lamentar a morte do falecido. Por fim, vinham a família, os amigos e os criados encarregados de transportar o mobiliário fúnebre: camas, mesas, cadeiras, cofres com joias, roupas, sandálias, caixas de comida, cofres com *ushebtis*...

Chegando à sepultura, os sacerdotes pousavam o sarcófago no solo, enquanto os criados começavam a preparar a refeição fúnebre, a última feita pela família na presença do morto, com frequência acompanhada de música e danças. Terminada a refeição, os criados desciam o sarcófago e o mobiliário fúnebre para a tumba. Depois, a entrada da sepultura era selada e todos voltavam para a margem leste do rio.

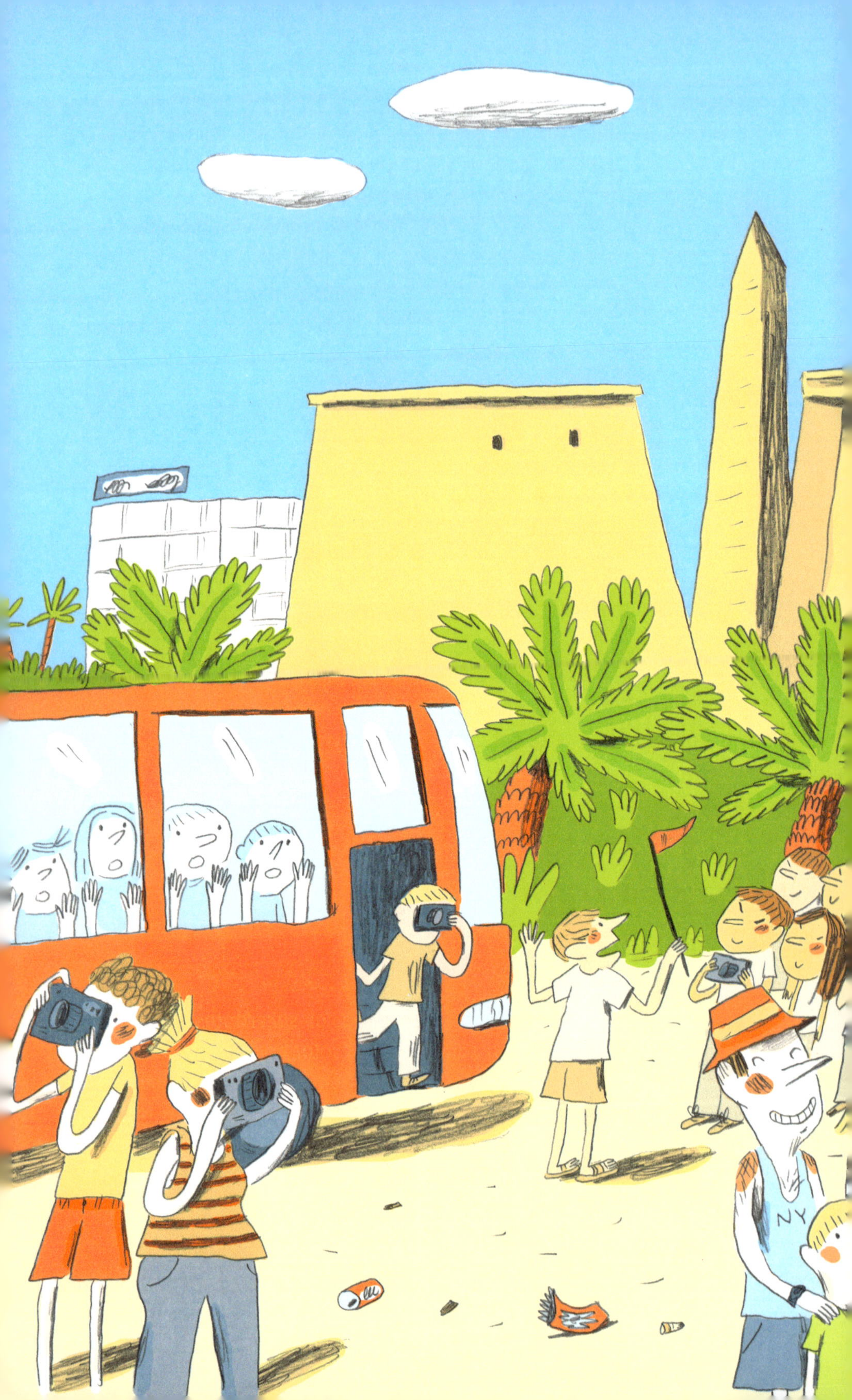
NY

4
FÉRIAS NO EGITO

As pirâmides de Gizé

No planalto de Gizé elevam-se três enormes pirâmides que podem ser vistas da cidade do Cairo. Elas pertenceram a Quéops, Quéfren e Miquerinos, três faraós da IV dinastia (c. 2500 a.C.). Foram construídas, portanto, há mais de 4500 anos e ainda estão em perfeito estado de conservação.

Os faraós e seus túmulos
As pirâmides eram os túmulos dos faraós. Mas não de todos os faraós do Egito: você verá que Tutancâmon não foi enterrado numa pirâmide. Na verdade, os reis utilizaram a pirâmide como local de sepultamento somente até o fim do Império Médio (c. 1750 a.C.). Depois disso, passaram a usar tumbas escavadas no rochedo. A vantagem desse novo tipo de sepultura era que não chamava tanto a atenção dos ladrões!

Por que ser enterrado dentro de uma pirâmide?
Os faraós falavam assim de suas pirâmides: "A escada para ver os deuses foi instalada para mim". Para compreender essa frase é preciso saber que, para os egípcios, o faraó era o filho dos deuses e o representante deles na Terra. Ao morrer, ele se unia ao pai, o Sol. Os textos antigos mencionam diversas maneiras de ascender aos céus, entre elas a escada e os raios solares. A pirâmide deve ser considerada, portanto, a representação simbólica dessa escada em direção ao Sol.

A pirâmide de Quéops em números

Ela é a maior das três pirâmides do planalto de Gizé, considerada pelos escritores da época Antiga a primeira maravilha do mundo. Veja alguns números que dão uma ideia de seu tamanho: hoje, ela tem 137 metros de altura (diminuiu dez metros desde a época faraônica), ou seja, metade do tamanho da Torre Eiffel, 230 metros de lado e cobre uma superfície de 53 mil metros quadrados, onde caberia a Basílica de São Pedro, do Estado do Vaticano. É composta por 2,3 milhões de blocos de pedra.

Perto das pirâmides: a esfinge

Ao pé das pirâmides vemos templos, túmulos de funcionários, pequenas pirâmides para as rainhas... Um pouco abaixo, encontramos a **esfinge**, um enorme leão com cabeça de homem e setenta metros de comprimento: ela é a guardiã da necrópole de Gizé. Você deve conhecê-la da história *Asterix e Cleópatra*. Aliás, você acha mesmo que foi o Obelix quem quebrou o nariz da esfinge? Não foi: quem a desfigurou foi um emir, no século XIV, com uma bala de canhão.

Como as pirâmides foram construídas?

Aqui vai um segredo (que você pode espalhar para todo mundo!): até agora ninguém conseguiu responder a essa pergunta de maneira definitiva. A construção das pirâmides continua sendo um mistério sem solução. Os livros, porém, propõem todo tipo de explicação. No entanto, é preciso dizer que elas não passam de hipóteses e que ainda não é possível afirmar algo categórico sobre o assunto.

O que com certeza é mentira

Alguns autores disseram que as pirâmides não foram construídas por homens, mas por marcianos, atlantes (habitantes de uma ilha misteriosa localizada no oceano Atlântico) ou deuses. Todas essas teorias estão erradas, claro, e não podem ser levadas a sério.

O que deve ser rejeitado

Para tentar compreender a técnica utilizada pelos egípcios na construção das pirâmides, devemos nos colocar no lugar deles: voltemos 4500 anos no tempo. Na época, não havia ferro ou bronze no Egito, as ferramentas eram de cobre, um material bastante frágil para trabalhar com blocos de pedra.

O país não era rico em madeira: devemos eliminar as técnicas que exigiam grandes quantidades dela. A roda ainda não existia (foi inventada por volta de 1750 a.C.): precisamos descartar a utilização de polias, roldanas e carroças. O que sobrou? Pouca coisa... Mesmo assim, as pirâmides estão aí!

O que podemos afirmar
Em primeiro lugar, os egípcios não tinham muita madeira, mas sabiam construir andaimes e rampas em adobe com perfeição. Em segundo lugar, eles ainda não tinham a roda, mas conheciam o trenó. Em terceiro, não tinham máquinas, mas eram muito numerosos para trabalhar na construção das pirâmides. Portanto, veja o que dá para imaginar.

Enquanto alguns homens extraíam as pedras da pedreira, outros puxavam-nas em trenós até o pé da pirâmide: era necessário uma dezena de homens para puxar um bloco de um metro quadrado de área sem dificuldade. Chegando ao local, as pedras precisavam ser içadas. Acredita-se que os egípcios utilizaram um sistema de rampas de adobe: à medida que a pirâmide se elevava, eles construíam rampas de quinze metros de largura em torno do lado que estava sendo trabalhado.

Depois que os últimos blocos eram colocados no topo da pirâmide, ela estava coberta por uma grossa camada de terra que precisava ser retirada. A desmontagem da rampa acontecia em sentido inverso, ou seja, de cima para baixo. À medida que a terra era retirada, aproveitava-se para polir as pedras. É o que chamamos de limpeza.

Sobrevoando Tebas

É na cidade de Tebas, localizada nas proximidades da atual cidade de Luxor, que encontramos o maior número de monumentos da época faraônica. Isso porque Tebas foi a capital do Egito no Império Novo (entre 1500 a.C. e 1000 a.C.) quando o país estava no auge de sua potência. A cidade era dividida em dois pelo Nilo: Tebas do Leste, com casas e templo dedicados aos deuses; e Tebas do Oeste, com construções destinadas aos mortos (templos funerários, túmulos reais e necrópoles de cidadãos comuns).

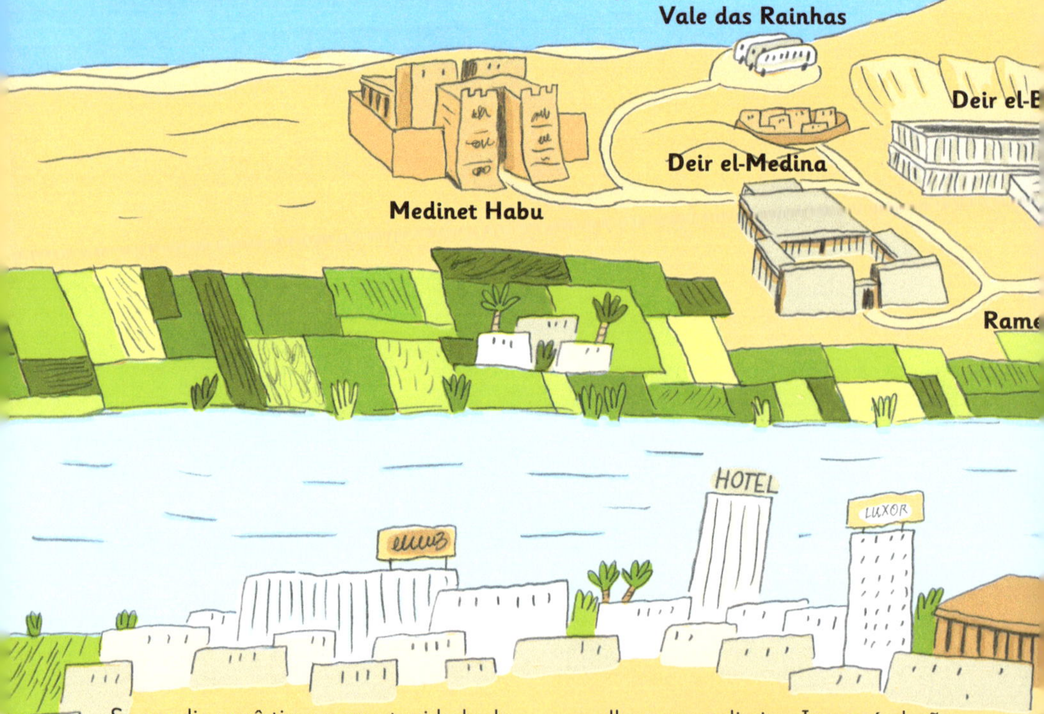

Vale das Rainhas
Deir el-B
Deir el-Medina
Medinet Habu
Rame

Se um dia você tiver a oportunidade de visitar o Egito e seu avião aterrissar em Luxor, olhe bem pela janela quando ele começar a descer: você verá maravilhas. Logo reconhecerá o Nilo, que é muito largo nesse ponto: verá que, de ambos os lados, ele é cercado por campos e casas modernas; para além deles, avistará o deserto. Espere que o avião desça mais um pouco e olhe para a direita. Impossível não avistar o enorme templo cercado por uma grande muralha de adobe: o templo de Karnak, dedicado ao deus Amon, o maior e mais bonito santuário de todo o Egito. Mais adiante, você avistará outro templo, um pouco menor, que hoje fica em pleno coração da cidade moderna: o templo de Luxor, também dedicado a Amon.

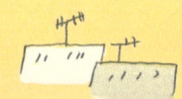

Agora vire a cabeça para a esquerda. Procure o limite entre as terras cultivadas e o deserto.
Consegue ver grandes construções de pedra? São os templos funerários dos faraós do Império Novo: é fácil distinguir o Ramesseum (de Ramsés II), o Medinet Habu (de Ramsés III) e o Deir el-Bahari (da rainha Hatchepsut). Atrás do templo de Ramsés III, você vai avistar uma estrada que sobe até uma grande esplanada: o estacionamento do Vale das Rainhas — onde foram enterrados os príncipes e as rainhas do Império Novo. De onde você está não é possível ver as tumbas, escondidas no interior da montanha.
Se olhar mais ao longe ainda, você se deparará com a falésia líbica. Consegue perceber que ela apresenta grande buracos a distâncias regulares? São entradas de túmulos escavados para altos funcionários da época faraônica. Com um pouco de sorte, você talvez consiga distinguir ao pé da falésia uma pequena aldeia em formato oval: é Deir el-Medina, a aldeia dos operários do Vale dos Reis, onde foram enterrados os faraós. Mas onde fica o Vale dos Reis? Você não pode vê-lo, pois ele está escondido atrás do Al-Qurn, espécie de montanha em forma de pirâmide natural que domina toda a necrópole tebana.

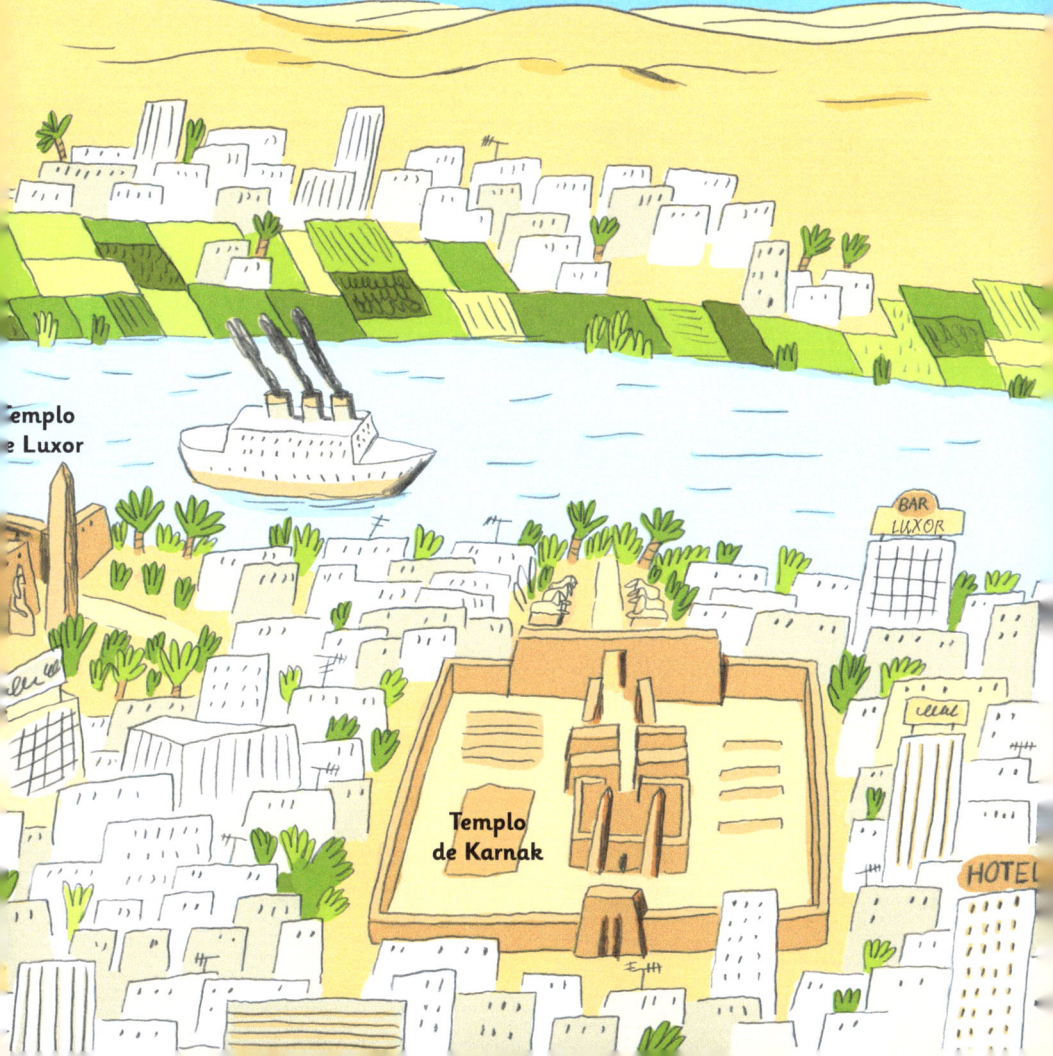

l-Qurn

emplo
e Luxor

Templo de Karnak

BAR LUXOR

HOTEL

O templo de Luxor

O templo de Luxor é uma verdadeira maravilha. Ele está muito bem conservado e permite compreender como funcionava um santuário egípcio. Foi construído por Amenófis III e Ramsés II, os dois grandes faraós do Império Novo.

O Festival de Opet

Este era o nome com que os egípcios designavam a maior festa comemorada anualmente em Tebas. Ela marcava o início do ano egípcio e era celebrada no decorrer do mês de agosto. Na ocasião, o deus Amon deixava seu templo de Karnak (a três quilômetros de distância) e passava uma dezena de dias em Luxor, acompanhado de sua esposa, Mut, e do filho do casal, Khonsu.

Tanto a viagem de ida quanto a de volta eram feitas pelo Nilo. Sob olhares e gritos da multidão, os sacerdotes instalavam as estátuas dos deuses em barcas suntuosas e partiam rumo a Luxor. Chegando lá, várias cerimônias eram celebradas em homenagem a Amon: acrobatas, músicos e dançarinos acompanhavam todas as manifestações. Quando o festival chegava ao fim, os deuses voltavam para Karnak.

O templo

Prepare-se para uma visita ao templo de Luxor. Admire bem a entrada, pois é possível contemplar, hoje, exatamente o que os antigos egípcios viam: uma enorme porta constituída por duas torres trapezoidais, chamadas pilones. À frente, quatro estátuas colossais e um **obelisco** (originalmente, eram dois). Atrás de você, um corredor de esfinges. Saiba que, na época faraônica, esse corredor tinha três quilômetros de extensão e ia até Karnak. Depois, entre num grande pátio (parcialmente ocupado por uma mesquita), passe por uma colunata e chegue a um segundo pátio. Essas são as partes do templo a céu aberto, constituem o local de recepção dos deuses. Para além delas, o templo é totalmente coberto: entra-se no santuário propriamente dito. Ao fundo, você verá o Santuário, uma pequena sala escura onde é mantida a estátua de Amon. Ao redor, poderá visitar várias salas anexas: algumas são dedicadas a Mut e a Khonsu, outras servem de depósito para os materiais de culto necessários às cerimônias.

Você sabia?
Na entrada do templo, há um belíssimo obelisco em granito rosa. Originalmente, eram dois. O irmão gêmeo deste está na Place de la Concorde, em Paris. Ele foi oferecido pelo Egito à França quando o egiptólogo francês Champollion conseguiu decifrar a escrita hieroglífica.

O Vale dos Reis

Durante todo o Império Novo (entre 1500 a.C. e 1000 a.C.), quando a capital do Egito era Tebas, os reis foram enterrados num local hoje chamado de Vale dos Reis, onde ficam as tumbas dos faraós mais conhecidos: os Ramsés, os Tutmés, os Amenófis, Tutancâmon...

O local
O Vale dos Reis fica em Tebas do Oeste, no centro de um vale incrustado na montanha. Hoje, uma estrada asfaltada leva ao local, mas na época faraônica o único acesso era por um estreito caminho através da montanha. Nesse vale foram encontradas 63 tumbas, mas talvez existam outras. De qualquer maneira, a última descoberta de uma tumba ocorreu no início de 2006!

Adeus, pirâmides!

Não procure por pirâmides no Vale dos Reis, você não encontrará nenhuma. Aqui, os faraós foram enterrados em tumbas escavadas na montanha, chamadas **hipogeus**. Você já vai entender o porquê. Pirâmides eram monumentos impressionantes, mas tinham o inconveniente de poder ser avistadas de muito longe. Ora, dentro delas ficavam a múmia do faraó e, principalmente, todos os seus tesouros, que atraíam ladrões. Ao constatar os inúmeros saques sofridos pelas pirâmides, os faraós decidiram começar a ser enterrados em tumbas mais discretas: primeiro, escolhiam um lugar bem escondido na montanha, depois, camuflavam as sepulturas na falésia de modo a, de fora, não vermos mais que uma pequena porta marcando sua entrada.

Visitando uma tumba

Depois de passar pela porta de entrada, você chegará a um corredor descendente, em geral muito amplo, ou a um túnel inclinado. As paredes estão cobertas de desenhos que representam o faraó perante os deuses funerários. Você continuará a descer, mais e mais, às vezes até muito fundo, chegando à **câmara mortuária**, que contém o sarcófago do rei. As tumbas mais profundas medem de cem a duzentos metros de comprimento. Às vezes, esse imenso corredor é entrecortado por salas com pilares ou poços para capturar os ladrões.

Você sabia?
Não espere ver tesouros suntuosos nesses túmulos, nem mesmo múmias de faraós: ambos sumiram há muito tempo. Apesar dos esforços dos reis para esconder suas sepulturas, os ladrões conseguiram profaná-las e levar tudo o que guardavam de valioso, com uma única exceção: a tumba de Tutancâmon. Vire logo a página e saberá mais...

A tumba de Tutancâmon

Em 4 de novembro de 1922, Howard Carter descobriu no Vale dos Reis uma tumba que ainda continha todos os seus tesouros: ela pertencia a Tutancâmon, faraó que reinou por volta de 1330 a.C. Coisa rara na vida de um arqueólogo, sobretudo porque foi a descoberta mais importante já realizada no Egito.

A descoberta

"Em 4 de novembro, quando cheguei às escavações, um silêncio fora do comum me fez entender que alguma coisa havia acontecido", contou Howard Carter. De fato, os operários tinham acabado de descobrir o primeiro degrau de uma escada. Excitados, mostraram o achado a Carter e voltaram ao trabalho. Eles escavaram doze degraus, que levaram a uma porta murada com o nome de Tutancâmon. Naquele momento, Carter teve certeza de que havia acabado de fazer uma descoberta extraordinária.

Uma tumba abarrotada

A tumba de Tutancâmon era muito diferente das outras sepulturas do Vale dos Reis. Era composta por apenas quatro salas, arrumadas às pressas: a antecâmara, o anexo, a câmara mortuária e o tesouro. Apesar do tamanho reduzido, os arqueólogos inventariaram ali mais de 3500 objetos! Eles trabalharam por mais de seis anos para tirar todas essas maravilhas de lá. Mais tarde, contaram como o trabalho foi penoso, pois o túmulo estava tão abarrotado que mal se podia circular entre os inúmeros objetos espalhados pelo chão ou empilhados uns sobre os outros.

O momento mais emocionante

A abertura da câmara mortuária foi como um verdadeiro conto de fadas. Era nessa sala que a múmia de Tutancâmon repousava, bem no centro do aposento. Ela estava protegida por três caixões de ouro maciço, um dentro do outro (um deles pesava 110 quilos!).

O conjunto (1250 quilos) estava colocado dentro de um sarcófago de pedra, coberto por quatro capelas em madeira dourada. No rosto da múmia havia uma máscara funerária de ouro e, sobre o corpo, mais de cem amuletos e joias.

Você sabia?

Graças à descoberta de seu túmulo intacto, Tutancâmon se tornou o mais conhecido de todos os faraós egípcios. No entanto, ele não teve um reinado glorioso. Tornou-se rei do Egito aos nove anos de idade, mas sua juventude não lhe permitiu dirigir o país sozinho. Morreu aos dezenove anos, depois de um governo totalmente insignificante.

Deixa pra lá, é só folheada a ouro...

A aldeia dos operários de Deir el-Medina

A aldeia de Deir el-Medina abrigava os trabalhadores encarregados de construir os túmulos do Vale dos Reis e do Vale das Rainhas. Pedreiros, escultores e pintores eram instalados ali, isolados do resto do mundo, para evitar que revelassem o lugar e o conteúdo dos túmulos.

A organização da aldeia

Localizada em Tebas do Oeste, ao pé da montanha, Deir el-Medina contava com cerca de setenta casas dispostas dos dois lados de uma rua principal. A aldeia estava dividida em dois grupos: a equipe da direita e a equipe da esquerda. Cada uma era dirigida por um chefe e seu assistente, enquanto os problemas de administração eram supervisionados por um escriba. Cada equipe era formada por vários escribas, desenhistas, escultores, pintores, pedreiros, canteiros e estucadores.

A organização do trabalho

O trabalho era organizado em períodos de dez dias, chamados de decêndios. Cada dia era dividido em dois turnos: manhã e tarde, de quatro horas cada, com um intervalo ao meio-dia para a refeição e a sesta. O trabalho era pontuado por várias pausas: os operários descansavam dois dias a cada decêndio e nos cinco últimos dias do ano. Além disso, os dias de festa (bastante numerosos no Egito) eram feriado, e as faltas (às vezes um tanto frequentes) não eram efetivamente punidas.

> **Você sabia?**
> Na época faraônica, a moeda não existia. Os operários não eram remunerados em dinheiro, mas em produtos. Ao fim de cada mês, recebiam cereais, bolos, produtos frescos, conservas de carne e de peixe, cerveja, roupas e tecidos, sandálias, lenha, louças...

A preparação de um túmulo

Depois de escolhido o local do sepultamento, os canteiros começavam a trabalhar. Eles escavavam a pedra com picaretas de bronze e maços de madeira, enquanto carregadores retiravam os entulhos em cestos de vime. Em seguida era a vez dos estucadores, encarregados de alisar as paredes com uma camada de reboco. O próximo passo era a decoração. Os desenhistas traçavam na parede um quadriculado em tinta vermelha, que servia para recopiar o modelo desenhado em papiro. Chegava então a vez dos escultores, que gravavam o relevo com cinzéis de bronze e martelos de pedra; depois os pintores entravam em ação, com copos com água, paletas para as cores e pincéis de espessuras variadas. Por fim, quando tudo estava pronto, o chefe da equipe fazia o mapa da tumba.

Os três descobridores do Egito

Napoleão Bonaparte
Em 1798, o general Bonaparte comandou uma expedição militar ao Egito. Levou consigo soldados, como era de se esperar, mas também estudiosos, encarregados de fazer um inventário completo do país. Ao longo de dois anos, esses profissionais desenharam tudo o que caía em suas mãos: o resultado desse trabalho foi publicado em *Descrição do Egito*, obra com vinte volumes e 3 mil ilustrações. Essa viagem marcou o início da egiptomania.

Nossa, que negócio alto!

Jean-François Champollion
Em 14 de setembro de 1822, depois de vinte anos de trabalho obstinado, Jean-François Champollion anunciou que havia decifrado a escrita hieroglífica. A leitura dos hieróglifos inscritos nas paredes ou nos papiros conferiu à egiptologia um caráter científico.

... é o meu nome em hieróglifos.

Auguste Mariette
Em 1859, Auguste Mariette organizou as pesquisas arqueológicas no Egito, dando fim aos saques dos séculos XVIII e XIX, quando o vale do Nilo teve vários de seus monumentos roubados. Ele criou o Serviço das Antiguidades do Egito, destinado a regular as escavações arqueológicas e a conservar os monumentos.

O Egito dos museus

Ao visitar o Egito, você precisa convencer seus pais a levá-lo ao Museu Egípcio do Cairo. Lá você poderá ver o tesouro de Tutancâmon, bem como os mais belos objetos da civilização faraônica. (www.egyptianmuseum.gov.eg)

Você também pode ir ao Museu Egípcio de Luxor. O museu é pequeno, mas muito bem pensado, com peças de belíssima qualidade e uma coleção que não para de crescer.

Se não tiver a oportunidade de ir ao Egito, mas for possível ir à Europa, você também pode contemplar maravilhas nos museus de lá. O museu do **Louvre**, em Paris, abriga uma belíssima coleção de antiguidades egípcias. Os objetos estão divididos em duas seções: você pode escolher o percurso cronológico, que apresenta as peças em função do período histórico, mas eu aconselho o percurso temático, no qual você pode apreciar tudo o que leu neste livro: agricultura, criação de animais, artesanato, ciências, escrita, música... (www.louvre.fr).

Ainda no exterior, talvez você possa visitar alguns outros museus com importantes coleções egípcias:
O British Museum, em Londres, na Grã-Bretanha. (www.britishmuseum.org)
O Museu Egípcio, em Turim, na Itália. (www.museoegizio.it)
O Museu Egípcio, em Berlim, na Alemanha. (www.smb.museum)
O Metropolitan Museum of Art, em Nova York, nos Estados Unidos. (www.metmuseum.org)

Teste

1. Que festa os egípcios celebravam todos os anos no templo de Luxor?

2. Quem foi Quéops?

3. Quantos objetos foram descobertos na tumba de Tutancâmon?

4. Qual a diferença entre a escrita hieroglífica e a escrita hierática?

5. Quem quebrou o nariz da esfinge?

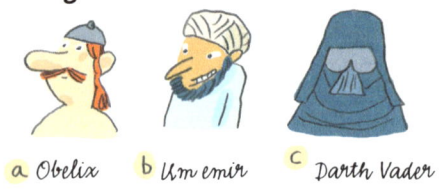

a Obelix   b Um emir   c Darth Vader

6. Quando o ferro começou a ser utilizado no Egito?

7. Qual o único defeito do calendário egípcio?

maldito clima!

8. De que eram feitas as perucas egípcias?

Obrigada, querido!

Ha, ha. Muito engraçado...

9. Qual era o esporte preferido dos antigos egípcios?

10. Para que serviam os *ushebtis*?

Valeu!

11. Como eram remunerados os trabalhadores egípcios?

12. Quais eram as três estações do ano egípcio?

13. Onde foram enterrados os faraós do Império Novo?

14. Quem foi chamado de "Napoleão Egípcio"?

15. Como se chama a coroa do Alto e do Baixo Egito?

16. Cite os nomes de cinco deuses egípcios.

Respostas

1. O Festival de Opet, que marcava o início do ano egípcio.
2. O faraó que mandou construir a grande pirâmide de Gizé.
3. Mais de 3500 objetos.
4. O hieroglífico era a escrita sagrada e o hierático era a escrita utilizada no cotidiano.
5. Um emir do século XIV.
6. O ferro apareceu durante o reinado de Tutancâmon, mas só se disseminou entre 1000 a.C. e 600 a.C.
7. Ele considerava 365 dias, mas o ano solar tem 365 dias e um quarto.
8. Elas eram feitas de fios de cabelo natural colados entre si com cera quente.
9. A luta.
10. Eles eram os servidores funerários que efetuariam os trabalhos agrícolas no lugar do defunto.
11. Eram remunerados em produtos, pois a moeda não existia até a época grega.
12. A inundação (akhet), de junho a outubro; a semeadura (peret), de novembro a fevereiro; e a colheita (shemet), de março a junho.
13. No Vale dos Reis.
14. Tutmés III.
15. O pschent.
16. Consulte as páginas 12-3.

Glossário

Amuleto: objeto que protege aquele que o carrega, esteja ele vivo ou morto.

Câmara mortuária: sala do túmulo onde ficava o sarcófago com a múmia do defunto e o mobiliário funerário.

Corveia: forma de trabalho gratuito, em que servos ou trabalhadores livres devem prestar serviços dos mais variados tipos para um senhor.

Decêndio: período de dez dias. Os egípcios dividiam os meses em três decêndios; nós o dividimos em quatro semanas.

Demótico: escrita cursiva dos escribas, utilizada a partir do século VII a.C.

Esfinge: leão deitado com cabeça de homem, símbolo do faraó ou do deus solar.

Hierático: escrita cursiva dos escribas, utilizada entre o início da história egípcia e o século VII a.C.

Hieroglífico: escrita sagrada, utilizada nos templos, nos túmulos e nos documentos funerários durante toda a época faraônica.

Hipogeu: túmulo escavado na falésia.

Mumificação: técnica de conservação dos corpos.

Muralha: neste livro, espesso muro de adobe que cercava os templos para isolá-los do mundo externo.

Obelisco: pedra de cerca de quinze metros de altura erigida à entrada dos templos. O obelisco era o símbolo solar por excelência.

Óstraco (plural: óstraca): fragmento de cerâmica ou calcário sobre o qual eram escritos os documentos não oficiais. De certo modo, funcionava como um caderno de rascunho.

Papiro: planta que, depois de tratada, serve de suporte privilegiado para a escrita. O papiro é resistente, macio, fácil de transportar e enrola sem quebrar.

Pilone: monumento que marcava a entrada dos templos, compostos por duas torres trapezoidais separadas por uma abertura que levava ao santuário.

Pirâmide: tumba do faraó durante o Império Antigo e o Império Médio (entre 2650 a.C. e 1750 a.C.).

Sacerdote: servidor do deus.

Santuário: local mais sagrado do templo, onde ficava a estátua do deus e sua barca portátil.

Templo: a casa do deus.

Templo funerário: edifício onde eram depositadas as oferendas de alimento necessárias à sobrevida do morto.

Uraeus: cobra que simbolizava o Olho de Rá na coroa real. Ela protegia o faraó e afastava seus inimigos.

***Ushebti* (estatueta)**: servidor funerário que efetuaria os trabalhos agrícolas no lugar do defunto.

Vasos canópicos: vasos onde eram depositadas as vísceras (fígado, pulmões, estômago e intestinos) mumificadas do morto.